自然就是你的向导

空手行走世界的探路手册

NATURE IS YOUR GUIDE

〔澳〕哈罗德·加蒂 —— 著

吕志强 —— 译

北京·旅游教育出版社

策　　划：陈　涛
责任编辑：陈凤玲　陈　涛

图书在版编目（CIP）数据

自然就是你的向导 / (澳)哈罗德·加蒂著 ; 吕志强译. -- 北京 : 旅游教育出版社，2019.4
ISBN 978-7-5637-3914-1

Ⅰ. ①自… Ⅱ. ①哈… ②吕… Ⅲ. ①野外－生存－基本知识 Ⅳ. ①G895

中国版本图书馆CIP数据核字(2019)第048535号

自然就是你的向导
〔澳〕哈罗德·加蒂　著
吕志强　译

出版单位	旅游教育出版社
地　　址	北京市朝阳区定福庄南里 1 号
邮　　编	100024
发行电话	（010）65778403　65728372　65767462（传真）
本社网址	www.tepcb.com
E - mail	tepfx@163.com
排版单位	北京旅教文化传播有限公司
印刷单位	天津雅泽印刷有限公司
经销单位	新华书店
开　　本	880 毫米 × 1230 毫米　1/32
印　　张	7.5
字　　数	142 千字
版　　次	2019 年 4 月第 1 版
印　　次	2019 年 4 月第 1 次印刷
定　　价	40.00 元

（图书如有装订差错请与发行部联系）

序

这是一本全新内容的户外书籍。在这本书中，我试图将那些对路径寻找有实际帮助的方法整合到一起。本书的目的在于让读者懂得如何在陆上或海上找到路，即使不用地图和指南针，仅仅通过对自然标识物的观察和解译。

随时随地都有数不清的自然标识物可用于探路，然而如今大部分人并不了解它们了。随着计时器、指南针、雷达和自动导航装置的发明，现代人逐渐忘记了人类早期在没有导航设备的情况下也能在荒野、沙漠和海上轻松找到路。我希望这本书可以帮助现代人重新掌握这些消失的技巧，能依靠自然的探路方法找到正确的路。

我致力于导航的研究有 35 个年头了，不只着眼现代技术，也包括人类早期使用过的方法。我发现，早期探险家由于缺乏现代导航技术，不得不依靠观察和解译周围的自然标识物认路。不仅西方探险家如此，波利尼西亚人、美洲印第安人和澳洲土著也如此。他们向世人证明了，仅仅依靠解译自然标识物，就可以穿山越岭、漂洋过海。如今，这些方法依然有用武之地。

本书提到的所有方法都得到了我的验证。这些方法基本涵盖了在世界上大部分地区可能遇到的各种情形，且大多数在其他户外书籍中并未提及，希望能对热衷户外探险的读者起到指导作用。

为了更高效地用好这本书，我们先建立几点基本认识。尽管本书涉及了世界上不同的地区，然而显然没有任何一本书能详尽覆盖所有地点。虽然书中的一些例子发生在特定地区，但依然具有普遍意义。因此，本书给出的很多建议适用于世界各地。

在依靠观察和解译自然标识物找路时，千万要记住，在复杂情形下，绝不可过分依赖某个单一方法，因为可能出现例外。对众多不同讯号的综合分析，才能强化和确认从单一方法得出的结论。

还要强调的是，本书描述的找路方法并不是要替代地图和指南针（如果有的话），而是对它们进行补充。地图和指南针技术在很多书籍中都有介绍。

通过太阳来辨识方向的对照表可以在书末找到，能依据表格于一年中的任何时间在赤道到北纬 60° 或南纬 50° 的任一位置辨识方向。对照表足以满足普通野外生存的实际需求。

还要补充的一点是，这本书不仅仅旨在帮助需要探路的户外探险爱好者。根据我的经验，懂得如何寻路会带给旅行者无限的乐趣，不管是在乡间小道还是触手可及的小河，抑或世界的远方。因此，无论读者出于什么目的阅读这本书，我都希望它能帮助读者走近自然、收获乐趣。

哈罗德·加蒂

于斐济卡塔范阿岛

目　录

第1章 自然就是你的向导

“他一定有非常好的方向感。”我几乎无数次听到这种单纯而真诚的赞美。这使得方向感看起来神秘又模糊。有人甚至进而暗指方向感就是“第六感”，与人和其他很多动物的五官一样，这种特殊感官与生俱来。

我不相信存在“第六感”。在我看来，所谓方向感不过是探路者利用与生俱来的五官和智慧找到路，而感官可以在经验积累中提升。探路者需要做的不过就是解译自然标识物。

自然标识物无处不在。当身处海上或陆上的偏僻之地，即使没有地图和指南针，也能通过自然标识物找到路。大自然自有它的规则，本书的目的就是帮助你了解并使用这些规则来找路。

普通人会对一流探路者的技巧惊羡不已。如果这个探路者想让自己看似神秘，可以宣称拥有“第六感”。然而讲真，那并非事实。

正常人生来就有眼、耳、鼻、味蕾和敏感的皮肤，当然，有些人的感官敏于常人。人都会本能地使用这些感官，也就是说，这种与生俱来的能力无须他人教导。但是有些人把感官用得更好些；通过实践积累经验，其实人人皆能做到。对感官的利用程度取决于早期的生活环境。很多城里人认为在学会了交谈和阅读之后，探路这一技能就并不必要了。但对农村人、伐木工、渔民和水手等需要在户外求生的人来说，有必要彻底熟悉周遭的自然标识物。

在城市化不断推进之下，观察和解译自然标识物的必要性大不如从前。是的，这的确不再是一个关乎生死的话题；但却不能因此弃之，如同我们不能没有音乐、绘画、观鸟、滑雪或其他纯粹艺术、科学和运动一样。我认为，学校应该也能够开设解译自然标识物的课程，就像数学课和地理课那样。通过自然标识物找到路依旧非常重要；比这更重要的是，即使不用自己导航，也可以在这一练习过程中更多品味大自然的魅力。无须太多心力，仅仅通过适当的训练和实践，就能轻松养成观察大自然细节和特征的习惯，甚至能将此发展成令人惊叹的技艺。

世上伟大的艺术家、作家、博物学家、科学家、航海家、探险家、诗人和拓荒者都有这样的共同点，那就是对外部世界产生兴趣，并通过解析和重构世界给人类带来创造力。见微知著的观察力变得无比重要，正所谓小观察里藏着大发现。经过感官训练的人，其记忆里的观察实践会像小说一样铺展和关联起来，能告诉我们新的东西。像吉尔伯特·怀特和查尔斯·达尔文一样，许多伟大的博物学家年轻时似乎整天无所事事，在外人看来几乎一无是处。达尔文的父母和老师都非常着急，因为在他们眼中，这种行为代表懒惰。但旁人不知的是，那段时间里他对大自然的观察，多年后厚积薄发，汇聚成了 19 世纪最伟大的科学思想。尽管不是所有人都能成为达尔文，但却可以让“闲逛”变得有意义。我们可以漫无目的地散步，观察世界，提高感官能力，激发思考、想象力和创造力。当一个人对时间不再抱有目的性时，所有的观察都会变得更有意义。

罗伯特·贝登堡勋爵是第一任童军领袖，他创立的训练观察和聆听的“童军运动”传遍了全世界。我在旅行生涯和本书的资料研究中遇到过很多“童军”式人物。检视我和他们的探路方法，我发现他们的观察力惊人。由于篇幅限制，我只描述他们中截然不同的三个例子，他们的能力和作为证明了，刻苦训练、对大自然的兴趣以及长期的实践能产生意想不到的效果。

1949 年夏天，美国著名鸟类学家罗伯特·库什曼·墨菲博士来斐济拜访我，他是世界上研究海鸟的权威。我对他能力的认知始于和他们夫妇驾车从四英里外（1 英里约为 1.6 公里）的码头到我家的路上。这段路穿越了苏瓦城。现在斐济鸟的种类已经不多了，新的鸟类清单还未公布，但是如果读过恩斯特·迈尔博士的《西南太平洋的鸟》，你会发现，即使花上三个月时间在苏瓦的花园或乡野观察鸟类，所能看到的也超不过 33 种，或许深入内陆的森林和高山还会再多看到几种吧。我们一路上交谈甚欢，到家以后，墨菲说一路过来观察到了 11 种鸟。这个数字已经达到一年里所能看到的鸟的种类的 1/3。这位伟大的科学家竟如此训练有素，以至于可以一边谈笑风生，一边观察鸟类并将它们归类。

我的第二个例子展示了对自然的兴趣会给平常人带来什么。我的妻子在荷兰长大，一直生活在城市，并不需要依靠观察自然标识物进行探路。为写这本书，她和我周游了欧洲和北美。她对靠树木辨别方向很感兴趣。当我们完成为期两个月的旅行到达旧金山时，她便可以通过从酒店窗户向外观察来分辨方向。

这扇窗可以望向联合广场，广场中有一棵树，四面被三色堇包围着。我的妻子很快注意到黄色的三色堇在东、西和南面盛开，但是北面的花还没有开，因为树挡住了阳光。

我们再来看看长期实践的效果。著名作家同时也是美洲印第安人研究专家的理查德·道奇上校在《我们狂野的印第安人》中这样写道：

> 如果向印第安人打听地方，无论相距 1 英里还是 100 英里，他都只是指个方向。倘若再追问，而且他也曾去过的话，那么他会在简短的描述里表现出对自然标识物的超强记忆力，令人惊叹！
>
> 在没有过类似训练的人眼中，这些自然标识物枯燥而几无差别。然而对经过训练的人来说，每一个山峰和峡谷、每一块岩石、每一丛灌木都与众不同，令他过目不忘。纵然看似漫不经心，但没有任何标识物逃得过他的眼睛……如果要去一个未曾去过的地方，他会向到过那里的人打听，对方的描述和他对描述的理解则决定了旅行是否会成功。

序言里提及，我已经有 35 年的导航经历，最初在海上，后来在空中。其间，我在洛杉矶开办了导航学校，还在美国空军讲授导航课程多年。我很重视传授学生通过自然标识物进行导航的方法，这种方法无论在当时的还是现在的书籍中都无法找到。传统的空中导航当然是依靠仪器和地图来操作。我想给学生传达的是，用好自己的观察力，然后再辅以现代导航设备。

在 1931 年的环球飞行之后，已故威利·波斯特和我进行了为期五个月的全美之旅，驾驶着“温妮·梅”号以交叉路线横穿美国，平均每天飞越一个城市。波斯特是飞行员，我是领航员。在飞行时，我总是训练自己熟悉这个国家，尤其是那些未在地图中标记出来的特征，比如植被类型、作物种类、农场和建筑物布局、农舍和谷仓的建筑风格、干草堆和麦垛的形状，以及围墙和农田的边界。

很多事物都能帮助我辨别地面的风向，如炊烟、弯曲的树木和树叶等。而且我发现每周一比其他时间段更容易判别风向，因为周一是大家的“洗衣日”，可以观察晾晒衣服的摆动情况。通过观察这些奇特的细节，我进而发现某些地区有自己的独特之处，这也成为它们的标志。例如，纵观俄亥俄州的农业种植区，几乎每个小型仓库和建筑上都有一个精心制作的避雷针，全州建筑物上竖起的杆子数量惊人。不过现在，与邻州相比，俄亥俄州也没那么多雷电了。

当然，不是每个人都有机会从空中俯瞰美国，观察它的特征。的确，早年的北美飞行经历让我发现了训练注意力的重要性。事实上，经过训练，我很快做到了不查地图就能辨认出几乎美国的任何地方。

要这样解读一个地区的特征，并非一定要出门远行。如果你不能在飞机、火车或汽车上观察世界，那么一定要研究相关的照片。不看文字说明，仅仅观察风景照片上的细节是一件非常有趣的事。稍作练习，人们通常可以从完全不熟悉的地区的图片上得到很多信息。业余的室内自然观察者也能收集到大量的空中俯视图，比如 E.A. 古特肯德在英国社会学所资助下出版的《俯瞰我们的世界》中的那些。图 1.1 描绘了不列颠群岛某处的场景。假设没有更多的信息，如何通过观察这张图片来做进一步推断呢？

从山坡的整体自然情况来看，很明显，这幅图不可能是在英格兰的中、南或东部拍摄的。从房屋的建筑风格来看，这个地方很可能在英格兰北部。从植被特征看，似乎是在早春。房子的主要部分可能面朝南方，这样起居室能更温暖。由此，我们可以初步推断这幅图的地理方位。

从影子的长度和方向上，我们可以进一步推断出这张照片是在中午拍摄的，影子指向北。因此，道路大致上是东西走向，其东端在图片前方。通过树木的形状，也可以确认影子是南北向的以及房屋朝南，因为南边的树枝更加水平，那里有充足的阳光，而北边的树枝则更加垂直，它们向上伸展以求获得更多的光照。还有，南边也更加枝繁叶茂。

毋庸置疑，图上设得兰矮种马的存在并不能指明地点。因为这种马在设得兰群岛以外的地方分布得更多。这张图不太可能拍摄于设得兰群岛，因为那里几乎没有树木生长，更不会有树超过 20 或 30 英尺高（1 英尺约为 0.3 米），岛上的建筑风格和地貌类型也与这幅图有很大的不同。

图 1.1　通过对照片的分析可以了解大致的区域、季节、时间和方向
（来自英国旅行与度假协会）

我经常玩分析照片的游戏，解析没有文字介绍的照片能平添很多乐趣，并提高我的认知和推理能力。在我眼中，照片不再单单是照片，而是一个故事。

我们可以把解析照片当作娱乐，把寻路看成一种运动方式。有时我们可能会忘了对我们的先祖而言，寻路不是游戏，而是不得不面对的事。实际上，尽管西方文明的先祖是非常出色的导航者，但却并非出类拔萃。毫无疑问，那些与大自然共存并借助自然创造探路历史的早期人类是波利尼西亚人、澳洲土著和美洲印第安人。他们比其他人更可能被赋予神秘的“第六感”、定位感或者方向感。要再强调的是，这些人或者任何导航者，以及任何能辨别方位的动物，通常只有五种感官，即视觉、听觉、嗅觉、味觉和触觉。如果真有异于以上五官的“第六感”的话，那就是时间感。时间感可能依赖于生物体的内部节律性，是准确感知时间的能力，并不完全靠对太阳运动的观察。本书后面会有更多篇幅涉及时间感的讲解。

伟大的早期导航者仅以自然为向导，古老的追踪技巧淋漓尽致地展现了他们敏锐的洞察力。当然，追踪并不包括定位与导航，它是通过人或野兽留下的痕迹来重现其行进路径。众所周知，此项技艺最高超的是澳洲原住民。他们的五官确实非常发达，但他们的追踪能力却并不仅仅依赖于此，令人难以置信的是，更大程度上靠的是训练、智慧和推断力。擅长追踪的澳洲原住民对丛林谋生的技能、动物习性和人类生活习惯有着全面的了解，可以将关于追踪对象的细枝末节关联起来演绎推断。他们不费吹灰之力就能成功追踪到目标。A.T. 马格瑞在 1897 年的一篇文章中给出了有关原住民训练过程的叙述：

> 澳洲原住民的孩子刚会走路，便要学着追猎动物。随着熟练度提高，他们渐渐能捕捉到甲虫、蜘蛛、蚂蚁这类生物的踪

迹。这种训练会持续到成人，直至他们能追踪蛇、小袋鼠或其他狡猾危险的生物，能观察和解译所有的标识，懂得跟随或规避。在他们敏锐的观察力下，那些新鲜的印记、被倏忽踩踏的小草，每件事物都以自己的方式讲述着独特的经历。

诚然，所有的澳洲土著都能追踪其他人难以察觉的踪迹。但即使每个原住民都从童年开始接受训练并不断打磨技巧，人与人之间能力也总有差异。只有少数具有高超技能的澳洲土著懂得如何追踪特别隐蔽的踪迹。

导航和跟踪能力的个体差异在任何群体都可能发生。但在西方文明中，人的寻路和跟踪能力几乎没有得到发展（除了某些训练有素的军人和童军），以至于尽管先天条件不同，经过哪怕最简单的自然导航训练的人也势必会超越其他人，甚至让人惊叹不已，而这与聪颖无关。事实上，一般人稍加练习就能轻松解译自然标识物。

想要熟练这些技巧其实非常简单。初学者必须迈开腿，最好独自上路，因为交谈会令他分心。经验丰富的探路者总是专注于手头工作，聚焦于外部环境；沉溺于个人世界或白日梦的人学不到任何技巧。我绝不会建议初学者在提高观察力的早期阶段过度依靠记忆。优秀的探路者已经通过多年的练习提高了记忆力，而初学者则必须携带铅笔和笔记本来列出自然特征、地标及相互关系等。另外，新手还极易忘记颜色，甚至可以说大多数人的脑海中只有黑白，除非他们努力培养绘画或摄影能力。普通人对形状比对色彩更敏感，更容易注意到一块奇怪的岩石或一截扭曲的树干，而非一棵颜色特别的树。普通人常常忽视视觉之外的其他感官，忘记了每个地方都有独特的声音和气味。非常奇怪的是（至少就我的经验而言），相较于有意识的记忆，声音和气味往往在无意识记忆中更容易被记住。

探路的初学者通常做不到反向梳理他的路径，但如果想再现这些路径，他必须能这样做。我会建议初学者练习画粗略地图和自然标识物的大致方位图，我把这种留意返程的做法称为“拿住线团”。所有的早期探路者都使用这种方法，这在很大程度上帮助他们成功找到路。对这些人而言，记住和排列绕过的障碍物、小路、转弯是相当自然的事，以便能反向追踪它们。

早期探路者总是通过时间而非空间来衡量自然标识物之间的距离。现代人却习惯于在地图上判断距离和测量空间，因此失去了对时间的感知力。如果按自然导航方法，他们应该在出发点附近选择一个高点（可能的话），然后环视远方，估算距离，对主要方向进行绘图，留意（如果记不住就画草图）远处山脉的大致轮廓，进而关注南北西东方向上的显著图像，标注出地域类型、主要植被、山地构成、山谷和溪流的方向、建筑风格以及所有标志物之间的相互关系。渐渐地，养成在头脑中绘制地图的习惯，而不再需要做笔记。最后，小山、石头、树和灌木丛等自然标识物都能轻易地记住，并以恰当的顺序成为观察者记忆链条的纽带。

在这里我用一个故事来总结观察力的应用，这个故事讲的是孑然一身在极端环境下如何找到路。

大约 50 年前，山地向导埃诺斯・米尔斯登上落基山脉的一处分水岭时出现了雪盲，迷路了。当时他身处海拔 1.2 万英尺的地方，距离最近的人家也在数英里之外，中间还隔着崎岖的山地。他在 36 年前写就的《自然向导历险记》中叙述了如何通过观察自然标识物成功找到路。

这是一个很棒的例证，说明了观察和解释自然标识物在实践中的应用。米尔斯是一个异常敏锐的探路者，在发现自己迷路时设法保持冷静并对找到路充满信心。他谈到这件事时说："我的探路能力被强烈地唤醒了，这种致命的困境从未发生在我身上。"他的态度与其解译自然标识物的能力相结合让他在这个意外中活了下来，自然标识物包括山坡上的松树、树皮、树干上的刻痕、回声等。

米尔斯有信心摆脱困境。由于雪非常厚，他看不到路，但在他的脑海中有一幅清晰的地图，是关于他之前经过的山坡，这是他雪盲之前的印象。

他带着一根长棍，穿上雪地鞋，寻找来时路上刻在树干上的痕迹。他一棵棵树地挨着找，把手臂探入雪中去触摸树皮，直到发现他刻下的痕迹。他用树来确定方向。通过之前对这个区域树木分布的了解，他知道峡谷是东西向的，柔韧松在南向的山坡上，而恩格曼云杉在北向的山坡。现在他的左侧是松，右侧是云杉，于是推断出自己在朝东走且到了山脊东侧。为了确认这一点，他检查了低处石头上的地衣和环绕树干的苔藓，推断出这片区域一定是光照充足。

为了弄清楚峡谷地形，他大喊了一声，并留意回声从哪个方向来，回声的强度显示他正进入一个森林环绕的深谷的头部。

夜幕降临时，雪崩几乎令他窒息，在岩石和折枝的阻碍下，前进变得更加困难。

突然他闻到了烟味，并分辨出这应该是山杨燃烧产生的，山里人经常把它作为燃料。在有利条件下，嗅觉敏锐的人可以闻到两三英里外山杨的烟味。他朝风吹来的方向前进，走出树林时烟雾最强，他知道已经靠近有人居住的地方了。由于害怕，他停下来用耳朵仔细地聆听。这时，他听到一个小女孩好奇地轻声问道：“你今晚会留在这里吗？”

第 2 章
人类早期如何探路

过去24小时里，过往船只运载着很多不知名的水果和木材；尽管东南方狂风大作，但这里的海面却依旧平静。综合这些可以推断出：离我们不远的东南方存在陆地。

根据路易斯·德·布干维尔的记述，早在200年前的环球航行中，他就知道自己已经靠近了澳洲海岸（尽管目不能及）。像很多探险家那样，布干维尔也保持着书写航海日志的习惯，和当时众多航海日志相比，他所写的并没什么与众不同，也是强调没有完备的导航工具和航海图，只能利用自己观察大自然的能力进行探路。

如今的导航者过于依赖辅助工具，很难再像几个世纪前的西方探险家那样信赖人类早期的导航技巧。正是由于导航设备日益发达，才导致今天的导航者无视过去的自然导航方法。由于现代人习惯了指南针、计时器、六分仪、无线电、雷达和回声探测器等导航设备，因此几乎无法相信人类早期仅仅凭借五官和智慧，就能在未知区域找到路，成功进行远距离探索。然而有意思的是，在如今这个科技导航时代，有关人类早期存在“第六感”的神话却流行开来。在拥有了各种导航设备之后，很多人却看不清这样一个事实：那些所谓未“开化”的原住民确实有着比现代“文明人”更敏锐的感知力和观察力，他们正是利用这些能力在陆上或海上巧妙地找到路。

对公众而言，理解人类早期的导航能力是有些障碍的，原因之一便来自传统的史书，它们传递给我们的信息是，世界上的岛屿最初就有土著，是伟大的西方探险家发现了他们。但令人不解的是，这些书都并未触及土著如何依靠自然的方法发现了他们的家园。这些书没有深究，在地理大发现之前，为什么即使是在遥远的海岛上，也已经有了人类的足迹，只不过通常是深色人种。

这些人背井离乡，长途迁徙来到新的家园。由于当时他们没有用文字将这些记录下来，因此流传下来的仅仅是些传说，往往杂乱无章，缺乏依据。只有当我们目睹了如今的土著仍然用着古老的导航方法，才会恍然大悟，明白人类早期是如何导航的。

如果我们了解过人类早期的导航，就会知道他们的探险行动并不是随意为之。人类早期不可能想当然地去探索一个陌生区域，相反，总是带有目标性地探索，即便有时目标是虚构的。在欧洲特别是爱尔兰和葡萄牙，不管是学界还是民间，都认为大西洋西面布满了神话般的岛屿，这也是早期探险家纷纷前往探索的原因。在我看来，鸟类的迁徙轨迹在人类探索未知世界的进程中起了很大作用。

人类几千年前就知道了鸟类的迁徙；然而直到 18 世纪，西方一些最知名的博物学家竟然还在就此争论。人类早期就注意到鸟类每年飞越海洋的迁徙行为，他们猜测这些鸟如果落到海里，必死无疑，但事实并非如此，于是根据常识他们总结出：在鸟类迁徙的方向上一定存在陆地。

多数人误以为鸟类的迁徙路线只有两个方向，由北往南或由南往北。但事实不是这样。鸟类学家正在着手重现全球鸟类的迁徙路线图。当然，不是所有鸟都有严格的迁徙路线，有一些在迁徙中横跨大陆甚至大洋，路线宽泛；但大部分是有固定路线的。这些路线绝不是简单的由南往北或由北往南，还有一些是东西向的，一些沿着河谷的上下游方向，一些沿着海岸线或山脊，或者借助辨识度高的自然标识物；还有某些鸟特别是猛禽，会选择有上升气流出现的迁徙路线，这样可以借助热气流的升力，节省体能，此种路线常见于日照强烈的沙漠地区。此外，一些鸟春、秋季的迁徙路线也有差异，主要原因是盛行风向的改变。格陵兰岛南部的几种鸟在秋季借助西风进入欧洲，但春季返回时，由于盛行南风，它们会选择途经不列颠岛、法罗群岛和冰岛的“跳岛”路线。尽管有些鸟的迁徙路线可能随着物种分布和气候条件的变化而更改，但总体来看还是非常稳定的。

在春季，有多种鸟沿着苏格兰 – 法罗群岛 – 冰岛的“跳岛”路线迁徙，由于这个路线有较强的可预测性，可以帮助斯堪的纳维亚地区从挪威向西航行的船只进行导航。最早定居冰岛的可能是来自爱尔兰的库尔迪神父，他们的路线是爱尔兰 – 赫布里底群岛或设得兰群岛－法罗群岛－冰岛，这是某些鸭类到冰岛筑巢时的路线，特别是去中北部的米湖，这也是爱尔兰的一种黄嘴白额雁的迁徙路线，它们夏季在格陵兰岛西部筑巢，春季会经此冰岛路线返回格陵兰。

还有的迁徙路线可以称作鸟类的“非常”路线。比如，西欧的某些鸟在春、秋季的迁徙路线一般是沿挪威海岸，然后飞越北海。但是，（由于斯堪的纳维亚的反气旋）盛行东风时，它们会偏离路线，从不列颠群岛东海岸，飞越苏格兰和欧洲大陆间最短的海上线路（设得兰群岛－挪威最西端），然后回到沿挪威海岸的线路上来。尽管这条线路并非鸟类的首选，没那么常用，但却帮助了人类。只要迁徙的鸟类证明了某条路线有通行的可能，那么后来的导航者即便没有鸟类带路也能在此线路上航行，尤其是按早期波利尼西亚航海者的方法引领众船的话。

现在似乎能确定的是，与早期爱尔兰人和维京人一样，更加大胆的波利尼西亚航海者也得到了鸟类迁徙路线的帮助。韦尔斯·W.库克曾发表过一篇研究太平洋候鸟迁徙的文章，并且作者还专门绘制了一张太平洋地区的鸟类迁徙路线图，有意味的是，作者只关心鸟类迁徙本身，未曾留意波利尼西亚人的导航问题。其实从这张图里，可以看出作者标号的一条鸟类迁徙线路几乎与权威科学家所证实的波利尼西亚人的迁徙线路相吻合。

事实上，科学界只有托尔·海尔达尔坚持认为波利尼西亚的原住民是从南美洲漂洋过海而来。自“康提基号”的探险故事众所周知以来，科学期刊里到处是对海尔达尔观点的批判。这些批判者持有与海尔达尔相反的观点，都认为早期波利尼西亚人来自印度－马来地区，他们一路向东，横渡太平洋。如果我们想研究人类早期的导航，那没有比波利尼西亚人更好的素材了，因为他们才是世界上真正的最古老的航海家。

在浩渺的太平洋上，广袤的波利尼西亚群岛大致呈三角形区域，边长约 4000 英里，北起夏威夷群岛，东至智利海岸以西 2000 英里外的复活节岛，西南至新西兰。在这个大三角里只生活着一个人种，使用一种语言，孕育了一种文化。毫无疑问，他们可以自由跨越 2500 英里以上的距离互相往来，例如从塔希提到新西兰，或者从塔希提到夏威夷。在波利尼西亚人最后一次大迁徙的一个世纪之后，西欧人仍不敢进入大西洋，而在克里斯托弗·哥伦布出生之前，这些原住民早就在太平洋的岛屿上幸福地繁衍生息了。

那么，是什么原因促使波利尼西亚人成为世界上最伟大的探路者？是东南亚人口的过度增长，还是部落战争？不管什么原因，他们名副其实地成为了世界上最早的航海家。无论开疆拓土、商品交易或者走亲访友，他们始终在相隔数千英里的岛屿之间保持着交流和沟通，只不过并未青史留名罢了。

太平洋当然绝非风平浪静之地，波利尼西亚人也不是靠着独木舟远洋航行。事实上，当詹姆斯·库克船长驾驶着长约 98 英尺的“奋进号”驶入太平洋时，他惊讶地发现，聪明的岛民们早就驾驶着双体船穿行于波涛汹涌的太平洋。这种船有 110 英尺长，有两根桅杆和帆，甲板上还有一个船舱，可承载 140 人。在波利尼西亚人到达塔希提之后，那里就成了一个重要的基地和中转站，由此，向北可以去夏威夷群岛，向南可以到达新西兰。从塔希提到夏威夷群岛的这条线路，与太平洋金鸻、杓鹬的春季迁徙路线相同。直到今天，这两种鸟仍然每年在阿拉斯加和夏威夷群岛、塔希提和西南太平洋其他岛屿之间迁徙。

波利尼西亚人的第二条迁徙线路部分地经密克罗西尼亚到阿拉斯加。在此之上，我又添加了一条从波利尼西亚岛到北岛的线路，这是长尾噪鹃的迁徙路线。这种红褐色的鸟身上带白斑，白色的身体下部有黑条纹，繁殖季在新西兰，迁徙时在波利尼西亚群岛各地可见。每年 9 月，长尾噪鹃往南飞到新西兰，这条线路与 1350 年毛利人的船队自塔希提前往新西兰的航线相吻合。当然，毛利人并非最早到达新西兰的开拓者。在我看来，新西兰最早的原住民来自所罗门群岛附近。他们也是跟随鸟类的迁徙路线而来，但这次是金鹃。

1350 年，毛利人的六艘双体船自塔希提前往新西兰

在所罗门群岛，金鹃要比长尾噪鹃更常见，也在繁殖季飞往新西兰。另一种帮助新西兰原住民定居于此的鸟是斑尾塍鹬，这种鸟在西伯利亚东北部和阿拉斯加繁殖，冬季飞越西南太平洋，最远可到新西兰。与长尾噪鹃和金鹃不同，这种鸟不在南方繁殖，但它们迁徙的时间和方向却是一致的。

毫无疑问，波利尼西亚人年复一年地观察着鸟类的迁徙，确认和跟随鸟类固定的迁徙路线。对波利尼西亚人的古老吟唱和传说的研究显示，他们对鸟类的飞行方向非常重视。我只知道，他们之所以能从塔希提到达新西兰，是因为反复观察了长尾噪鹃在两地的迁徙。长尾噪鹃的迁徙并非都在同一时点，而会在两三周里陆续出发。迁徙中，长尾噪鹃在海面上的飞行高度较低。航海者几乎每天都能看到它们，夜晚还可能听到其叫声。

当波利尼西亚人沿着鸟类迁徙路线出航时，他们在岸边留下了距离标志。太平洋地区仍有很多这样的标志指向远处的陆地。正如我之前所说，波利尼西亚人没有航海图、指南针等导航工具，他们在空旷海域航行时往往借助星象。因此，波利尼西亚人也可能通过星象建立或校对这些海岸标志物，但这些标志物应该更可能是在鸟类的迁徙路线上。

克里斯托弗·哥伦布在 1492 年远航时就知晓葡萄牙人正是跟随鸟类迁徙路线发现了亚速尔群岛。由于细心观察，他在发现新大陆前观察到了北美鸟类。哥伦布发现许多小型陆禽往西南方向飞去，于是决定改道西南，不久便在巴哈马首次登陆了美洲。

自有文明以来，人类就通过在船只上放飞鸟类来辅助导航。事实上，这种方法最早在几千年前的《吉尔伽美什史诗》中就被提及。在对古巴比伦洪水的描述中，诺亚的人物原型放飞了一只鸽子，鸽子飞到空中后发现没有歇脚的地方，于是返回；第二次放飞了一只燕子，同样地燕子也选择返回船只；第三次放飞了一只乌鸦，它发现了海平线上有树，这一次，乌鸦没有回来。

公元前 5 世纪的印度教传说记载了印度商人在海上迷路时如何利用海鸟找到最近的陆地。公元 1 世纪时，普林尼也提到了当时的锡兰船员在航海时使用同样的方法，但他们还不知道如何利用星象导航。

当然，波利尼西亚人也熟悉利用鸟类进行导航。最常见的是，他们携带着一种名叫军舰鸟的海鸟出海。这种鸟在波利尼西亚群岛数量繁多，且极善飞行。它们是海上掠食者，但其羽毛不能沾水，因此不会停在水面上。军舰鸟翅膀大、翼展长，因此活动范围很广，甚至也被用作岛屿之间传递信息的载体。当它们被放飞时，会飞到高处，这让它们比甲板上的船员看得更远；如果目之所及的地方有陆地，它们就会向那个方向飞去。由于军舰鸟不会降落在水面上，因此，如果它们看不到陆地，就会回到船上。

像其他早期航海者一样，维京人也利用鸟类判断陆地的方向。有一则冒险故事说，当挪威航海家弗洛基离开设得兰群岛去冰岛时，他带了很多被称为海渡鸦的鸟，可能是欧洲鸬鹚。在离开设得兰群岛几天后，他便放飞了其中一只，它在高空盘旋并在看到船后方的陆地后便往回飞去，这就告诉了弗洛基出发地的方位。几天后，弗洛基放飞了第二只鸟，随后它向冰岛飞去，这表明了去往冰岛的方向。

但维京人的导航术可能受到了气象条件的制约。由于北大西洋的天空总是阴云密布，维京人一直没能发现通过星象导航的秘密。他们能够在欧洲大陆和冰岛之间往返航行，但从冰岛前往格陵兰岛的路途则遇到了很大困难，基本方向的确定只能通过鸟、风向、海浪和太阳的方位来实现。

相比之下，波利尼西亚海域的气象状况更适合利用星象来导航，波利尼西亚人甚至第一个将这种技巧发展成一种艺术形式，但其基本方法可能传承自阿拉伯的早期航海者。

阿拉伯人不仅会利用鸟类，而且会非常简便地通过北极星在印度洋上进行导航。他们用手指测量地平线上方北极星的高度，所成夹角即纬度。后来，阿拉伯人找到一个更准确的方法，他们用一根绳子和一根短棒进行测量，其实这正是现代六分仪的前身也就是量角器的雏形。在穿越印度洋的远程航行中，他们也时常利用季风的风向。

在航行中阿拉伯人注意到，一年中星星总是在相同的位置升起，然后反方向落下。虽然没办法借助磁铁，但他们仍将地平线分成了 32 份，刻度源自东方地平线上升起位置基本等距的 15 颗星及其在西方地平线上的落下位置，再加上南、北。阿拉伯人制作了一个木制表盘，周围有 32 个钉子代表这些点。他们在利用星象或其他标志物对盛行风确定的航向进行校验的同时，也使用这种没有磁铁的简易罗盘进行导航。

公元 2 世纪左右，磁针从中国传入了阿拉伯地区。他们很快将其与三十二分仪结合起来。在十字军东征时期，这一装置与磁铁一起被引入欧洲，在今天的许多航海罗盘上仍然能看到它的身影。

进入太平洋的首批欧洲探险家惊讶地发现，许多波利尼西亚人都在使用简易三十二分仪，但他们并不知道磁铁的存在。根据我的研究，这是波利尼西亚人源自印度－马来地区的进一步证据。这表明，他们从印度大陆迁徙到太平洋岛屿的时间发生在磁铁传入阿拉伯之前，也就是 2 世纪之前，但是晚于他们自阿拉伯人那里学会使用简易三十二分仪的时间。

利用没有磁铁的简易三十二分仪，波利尼西亚人出海时可以准确而便捷地通过星象来导航。他们将天空视为穹顶，把星星的轨迹看作一条条会飞的光带，波利尼西亚人清楚地知道哪些星星和光带会经过他们心之所往的岛屿。

波利尼西亚人命名了 150 颗星，他们确切地知道地平线上每颗星升起的位置和时间，以及经过的岛屿。他们夜复一夜地观察着星星之间的相互关系，发现它们似乎围绕着同一条轴在旋转。纵然岁月流逝，但星星运动的路径是固定的。然而，他们也发现星星每晚出现的时间在慢慢地提前——现代人通过技术手段测得大约是四分钟。波利尼西亚人没有时钟，但与其他早期人类和某些动物一样，他们有着准确而敏锐的时间感。因此，波利尼西亚人可以在某个特定时间朝着某颗星的方向行驶，从而到达目的地。整个系统异常简单，无须借助任何工具。

为了将这种方法描述清楚，我们先假设星星是静止的，夜空中的每颗星都位于地球表面某个位置的正上方。如果我们能确定目前位于夏威夷岛上方的是哪颗星的话，就相当于拥有了一座“灯塔”，这座灯塔可以让我们在数千英里之外找到方向。而且，这种导航方法确定的航行路线最短——也就是现代人所说的“大圆航线”。整个体系比现在利用指南针导航的方法更完美；如果航程够远，指南针的导航路线一定会更长些。

星象导航不仅能指明方向和最短路线，还能预估到达时间，因为到达目的地时，星星正好就在我们的头顶上。

现在让星空（准确说是地球）旋转起来，夏威夷岛上空的那颗星会按固定轨迹向西平移，不再静止。但同纬度的其他星也会沿着同样轨迹平移。因此，我们最终还是可以通过在不同时点经过夏威夷岛上空的星星来导航，完成登陆。

如果有足够的时间，我们完全可以沿着某颗星的轨迹自东向西或自西向东航行，最终到达目的地。如果我们有很强的时间感并能接受导航过程中的些许偏差，那么可以从任何方向到达目的地（当然误差要通过解译自然标识物的方法进行校正）。早期导航者通过这种判断星象的方法进行导航，与目的地的误差在 50~75 英里。我也试过这种方法，依我判断，星象误差 1°，则海上的误差约为 60 英里。

尽管人类早期没有任何机械手段记录时间，但他们仍有很强的时间观念。现代“文明人”总是用英里作为距离单位，整个地理思维习惯都与空间有关。但现代人也有与生俱来的时间感，尽管鲜有使用它。生理学家麦克劳德和罗夫曾把两位测试者禁闭在隔音室中，不给他们时间变化的任何提示。一位在 66 小时后结束实验，对实验时间的估计大约有26分钟误差；另一位在86小时后实验结束，其估计的时间误差为40分钟左右。由此可见，测试者平均每天产生的时间误差大约是10分钟。无疑，波利尼西亚人必须不断练习这种与生俱来的时间感，以便能更准确地估计时间。弗兰克·W.洛讷在《动物的乐土》中指出，哺乳纲和鸟纲的多数物种、某些鱼类，以及大量的无脊椎动物，从海葵和蠕虫到蚂蚁和蜜蜂，都有敏锐的时间感，一天的误差在五分钟以内。蜜蜂不仅有强大的时间感，而且还会彼此交流有关时间的信息。

波利尼西亚人对距离没有概念，也不使用空间上的说法。他们只用时间来衡量，比如两地之间相距多少个“独木舟日”，而不是多少英里。他们甚至还会使用“独木舟小时”“独木舟分钟”。波利尼西亚人不断地练习他们的时间感，并利用星象来进行校验。

当库克船长第一次遇到波利尼西亚人时，他的指南针、六分仪、计时器等让他在导航上有明显优势。此外，他还有航海图，尽管在太平洋的某些地区航海图派不上什么用场。他发现，波利尼西亚人的脑子里存在着部分基于时间而非空间的航海图。在当地人的帮助下，库克和他的助手皮克斯吉尔中尉绘制了一张航海图，这张图带领他们去到了很多可能会错过的岛屿。图帕亚是一位有名的波利尼西亚航海者，是他提供了绘制这幅航海图的信息；图上有近80个岛屿，简直就是一个令人惊叹的展览，展示了波利尼西亚人杰出的地理知识。这张航海图上标注了斐济群岛和塔希提，二者相距2500英里！但由于库克一行人不熟悉图帕亚的语言，导致他们颠倒了南北，弄混了图上的很多岛屿。尽管如此，航海图上一半的岛屿对他们来说都是陌生的，这也让库克被西方称作这些岛屿的“发现者”。

唯一懂得水文制图的是加罗林群岛和马绍尔群岛的密克罗尼西亚人，他们发明了独有的波浪图和潮汐图，以帮助记忆航海路线。早期探险家拿到这些图时一头雾水，是后来的人种学相关研究才好不容易解开了密克罗尼西亚人图中的奥秘。

现在的人们常常误解了早期导航者在航海大发现时代所扮演的角色。探险书籍中的相关记载少之又少。其实，库克船长并不是欧洲探险家中唯一接受原住民建议从而发现“新岛屿”的人，几乎每个西方探险家在自以为的“未知”海域探索时都得到了原住民在导航和制图上的帮助，这些原住民早在西方探险家之前就到过了那些“新岛屿”。很多早期到达格陵兰岛的航海家都接受过爱斯基摩人的帮助，他们用一种非常准确的方式勾画出了海岸线和偏远的岛屿。爱斯基摩人通常用浮木来雕刻地图，实际上这就将自然特征用三维的形式表现出来。

在弗雷德里克·比奇的白令海峡航海日志中，有显著证据证明北太平洋地区的爱斯基摩人有着惊人的记忆力。比奇讲述了科策布湾的爱斯基摩人如何在沙地上绘制地图。他写道：“首先，他们用棍子画出了海岸线，并根据行程对其进行测量，之后，用沙子和石头代表山脉，用堆积起来的砾石代表岛屿并考虑了大小和排列方式。”当山脉和岛屿被正确地摆放出来后，“他们又用棍子将村庄和捕鱼点表现出来，据实呈现。”事实上，这和西方的地形图几乎无异。

当然，早期航海图绘制的秘诀在于人类的记忆力，这包括居所的轮廓和基本形状、突出的地标以及以居所为中心其他房屋的位置分布情况。让人惊叹的是，这些地图深深地印在许多当地人的脑海里，他们可以随时复写出来。

詹姆斯·费舍尔告诉我，当他和美国鸟类学家罗杰·彼得森在1953年到达阿拉斯加西部的育空–卡斯科奎姆苔原时，发现这里竟不为人知。走进由两条大河冲积出来的三角洲荒原，如果没有大比例尺地图，恍如置身迷宫。这里河湖镶嵌，其中关系错综复杂。从老切瓦克被废弃的旧村落到新切瓦克的爱斯基摩村，如果鸟类飞过，距离不过8~10英里，但人沿着蜿蜒的河谷行走则要一天，行程将近30英里。这条线路上的每一道河弯、每一个地标，甚至每一处“此路不通”的警告，年轻的爱斯基摩人杰克·潘尼亚克都为彼得森和费舍尔快速而准确地勾画了出来。他的地图比现在的小比例尺地图要精确得多，而且现在的地图上还显示了一条错误的水路，如果遵循这条路径，只会白白浪费一天的时间。

时至今日，世界各地善于探路的原住民还会给外来探险者带路，用他们的自然导航方法帮助那些拿着指南针、六分仪和计时器的探险者。一些澳洲土著常常凭记忆力帮助探险者绘制地图和行进路线。同样地，西伯利亚东部的一些部落会通过在木头上绘画的形式复写他们记忆中的地图，其中的轮廓和细节特征使用驯鹿血进行绘制。这些图足够准确，可以引导探险者发现“新天地”。

通常，土著通过这种方式将地理知识传授给族人，而不是西方探险家。理查德·道奇在《我们狂野的印第安人》中写道：

从教我手艺的老向导埃斯皮诺萨那儿得知，当他还是一个被囚的小科曼奇人时，年轻的族人们希望能去到陌生之地。在出发前，老人会召集这些年轻人进行指导。

所有人围坐在一起，他们准备好一捆棍子，用棍子上的刻痕代表时间。从只有一道刻痕的木棍开始，老人用手指在地上画一张粗略的地图，演示第一天的行程。河流、小溪、丘陵、山谷、沟壑、隐蔽的水洞等都被精心地标示出来。当所有这些大家完全明白之后，代表第二天行程的棍子也以同样的方式拿出来讲解，直到最后一根。他还说，他知道一群年轻人，最年长者不过 19 岁，都没去过墨西哥，他们从得克萨斯州布雷迪河畔的主营地出发，向着墨西哥‘急行军’，直到蒙特雷（鸟类飞行距离超过 380 英里），全都靠和这些棍子相关联的记忆来完成。

当然，这种靠记忆绘制的地图并不能完全解决原住民的导航问题。在未知区域，这种方法是行不通的。在探索未知区域时，（和西方探险家一样伟大的）他们发明了一种防迷路的定位方法，几乎所有土著都会用。如果需要证据来证明人类早期并不幻想什么“第六感”之类的探路能力，那么单单这种探路方法就足矣了。

在古希腊神话中，阿里阿德涅给了特修斯一个线团，这帮助他在杀死怪物后顺着线的方向走出迷宫，回到了庇护所。这就是人类早期使用的以居所为中心的探路系统，只是在这个系统里，线团是虚拟的。毫无疑问，鸟类和其他野生动物也大量使用这样的以巢穴为中心的导航系统，尽管这并非它们归巢的唯一方法。

人类早期不得不冒险探索未知区域以寻找食物，在这个过程中，他们往往会深感不安，于是需要不停地回望他们的居所来确定自己的位置。一次又一次地扩大探索区域，让他们对过去陌生的地方渐渐熟悉起来。他们进而进入更远的未知区域，且在“居所参照系统”的帮助下，从未迷路。

一位澳洲土著描述他在未知区域寻找方向的方法时说：“我一开始不会走得太远；走一段距离后回来，换一个方向走，然后又回来，再换一个方向走。渐渐地，周围的环境我都熟悉了，自然就不会迷失方向了。

我们将这种简单实用的定位方法与现代人复杂的“自我参照系统”相比较。现代人是把自己（无论他身处哪里）作为中心，将地平线分为南北西东，或者按指南针分为360°，将自己置身一个错综复杂的网络中，因此即使在指南针的帮助下，往往也会迷路。在每个节点，当他停下来参考指南针时，会关联上一个节点，这样一来，非常容易丢失和出发点之间的那个“线团”。

比自我参照系统更好的是把它和居所参照系统相结合，我们可以称之为“本地参照系统”。在这个系统里，方向的找寻与当地的特色标志物有关——山脉、河流、海岸和湖泊。人类早期就使用过这个系统，比如欧洲探险家发现，格陵兰岛的爱斯基摩人制作精准的地图就是以此为基础的。相当有趣的是，这个系统也体现在纽约出租车司机所使用的“上城”“市中心”和“跨城”等词语当中。

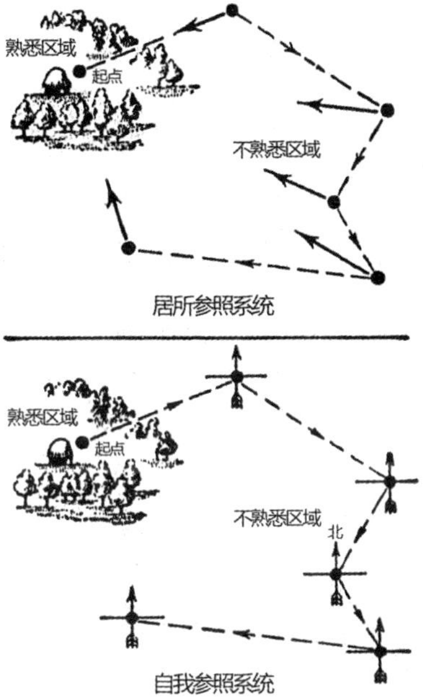

图 2.1　居所参照系统和自我参照系统对比

由此我们或许会得出结论：现代“文明人”只要采纳了靠记忆绘制地图的方法和居所参照系统，就能轻松学到人类早期卓越的寻路本领。然而事实并非这样，因为在我们的文明进程中，已经失去了某种对早期人类来说生死攸关的东西，那就是高度发达的观察力。这种能力在人类早期很常见，但我必须强调，并不是他们与生俱来就有着比现代人更敏锐的视觉、嗅觉、听觉或触觉，而是他们经常使用和练习这些本能。鲜有现代人拥有人类早期那样的能力，先民们之所以能是因为这关乎他们的生死。如果现代人也想获得的话，只能靠超乎常人的努力和训练。

当然，也有一些聪明的现代人学会了人类早期的探路方法，成为优秀的探路者。在 1873 年的《自然》杂志上，A.W. 豪威特根据他在澳洲原住民部落多年的经历写道：

> 我从没遇到过野蛮人一样的土著，这些人拥有从一个地方到另一个地方的探路能力，这种能力和西方丛林探险家的有本质不同。这些人对国家的认知是非常地方性的，超不出周边几个部落，尤其是自己的部落或家庭。之所以如此，是因为他们生于斯，长于斯。

正如豪威特所言，现代人在探路能力上是可以企及土著的。我希望读者能摆脱方向感的错觉，不再误以为有什么神秘的“第六感”。我将在下一章讨论这个话题。

第3章
存在"第六感"吗

深入研究史料会发现，人类古老文明中并没有神秘方向感的特殊概念。今天，许多人把这种魔法般的力量放在人类甚至动物的身上，但先民们可没有这样。相反，在东、西方的古著作中，人们对迷路有着非常现实的认知。

现代人对土著寻路能力的错误认识始于19世纪中叶，而这似乎很大程度上源自一些探险家和传教士的模糊说辞。当然，不是所有的旅行者都应受到责备。例如，1724年，天主教传教士约瑟夫·弗兰西斯·拉斐陶就清楚地讲述了易洛魁人如何完全靠眼力在丛林中找到路，而那些不追根究底的人则认为是土著有着神秘力量。

一位名叫弗朗索瓦·德·沙勒沃伊的法国传教士就荒诞离奇地夸大了印第安人的寻路能力。德·沙勒沃伊在印第安人那儿只生活了五个月；1744年，他在巴黎的公开演说中无视拉斐陶早前的解释，歪曲了事实。

其他探险家也用同样的方式夸大了世界各地土著的探路能力。曾在印度起义时任信德总督的 H. 巴尔托·弗里尔，1870 年在伦敦向英国皇家地理学会宣读了一篇文章，当时他是学会副主席。当他描述那些绵长的沙丘链的走向由盛行的西南季风决定时，弗里尔实际上回答了这样一个问题，那就是信德土著如何找到方向。但是，他似乎不满足于直接的解释，而试图制造神秘："在平坦的信德地区，特别是卡奇沙漠，既没有自然标识物，更没有路，最好的向导似乎只能靠本能。虽然并未故作神秘，但土著丝毫解释不了为什么他们能找到方向，这种本能与有的动物类似，非常准确……"

很显然，巴尔托·弗里尔对当时有关进化论的讨论一无所知，因为那时查尔斯·达尔文及其学派已经揭露了相关的错误。但达尔文无法推脱的是，他本人错误地引用了冯·弗兰格尔对西伯利亚探险的回忆，让人心生困惑。1873 年，《自然》发表了一些有关人和动物的神秘方向感的文章。像巴尔托·弗里尔一样，冯·弗兰格尔讲述了他所见过真正的导航方法，那就是"扔掉导航"。他描述了与主导风向平行的雪脊线，称赞哥萨克向导的探路本领——那是西伯利亚人共有的能力。他接着写道："他们似乎受到了一种可靠的本能的引导。"然而，达尔文将其错误地引用成"他们受到了一种本能的引导"。后来的学者接受了德·沙勒沃伊和巴尔托·弗里尔的结论以及冯·弗兰格尔的假设，并在 19 世纪后半叶和 20 世纪的大部分时间里，将这种说法扩展到了整个西方思想界，那就是一些土著甚至一些西方人与生俱来就有方向感。如今还有很多人相信这一说辞，但我确信它经不起科学推敲。

当然，许多相信“第六感”的人也认同可以利用自然标识物来导航。他们认为，只有在极端情况下，所谓的“归巢本能”才会出现。让我们看看著名的澳大利亚南极探险家道格拉斯·莫森爵士描述的极端情况下的导航。

> （1913年）1月12日，厚厚的积雪和时速50英里的大风困住我们36个小时了。13日午后格外晴朗，我们在积雪上四个小时走了五英里。我们不自觉地沿着平行雪脊线前进。如果人有‘归巢本能’，它一定会在这样的场合下出现。

的确，莫森导航靠的是平行雪脊线，而不是“第六感”。

许多“第六感”理论的追随者相信盲人拥有这种感官，尽管没有一个盲人能站出来展示这种所谓的能力，但错觉依然存在。只要有一个盲人能证明他用的是“第六感”，而非正常人拥有的感官，真相就能大白于天下。

当然，我们很难想象人可以不用眼睛就躲避障碍物并找到路。这个问题让科学家困惑，相关实验至少可以追溯到1749年。那一年，D.狄德罗深感好奇，“有一个相知的盲人，他不仅能感知物体的存在，还能准确判断物体的距离”。狄德罗的结论是，他的研究对象通过提高面部神经的敏感度来判断物体的远近。这似乎满足了早期学者的需要，因此之后一个世纪的研究都在支持狄德罗的观点。其中一名研究者声称，盲人会把脸颊当作“触角”；而另一位则将这种能力称为“面部感知”。

1905 年，埃米尔·贾马尔提出了“第六感”一词。他把它用到盲人身上，认为它与触觉类似，也是由以太波引起的。还有一些人试图用磁力、电、振动和潜意识来解释这一现象。学术界争论不休。支持所谓神秘感官的人与支持正常感官的人唇枪舌剑，即使在双方阵营内部也存在分歧。每个辩护者都认为，他能用实验证明其理论。结果是，理论支配了研究。只有当研究能得出理论，其解释才没有偏见。然而，当时大多数的解释都存在偏见。

在这场争论中，少数科学家找到了正确的方法。1904 年，T. 海勒从实验中得出结论：“接近感既不取决于特殊的触觉，也不取决于对某部分皮肤的刺激。”他指出，“盲人通过自己脚步声的变化小心翼翼地感受着前额压力的改变。如果这些特殊的感知出现，他就能确定有障碍物，会选择合适的时机绕过它”。

F.B. 德雷斯勒和并不熟悉海勒理论的人展开了更深入的研究，他说：“判断的依据是声音的差异。”虽然他和海勒的研究并没有完全揭示真相，但他们的结论是未来进一步研究的基础，这些研究为这个问题提供了合乎逻辑的答案。1907 年，L. 特鲁切尔指出，当人接近障碍物时，脚步声的音调会稳步升高。皮埃尔·维尔利也注意到听力这个因素。他从失明士兵的调查问卷中发现，25% 的被调查者认为他们通过听觉发现了障碍物，25% 的被调查者认为是通过触觉发现的，还有 50% 认为是这两种感官的结合。维尔利总结道，听觉和触觉都用到了，两者结合确实会增加躲避障碍物的能力。这才是真正的答案。但其他研究者却并不接受，许多人继续他们的实验，炮制出了怪异、不合逻辑的理论，这些理论让人们离真相越来越远。

由于盲人自己在解释如何发现障碍物时存在困难，所以要解决这个问题并不那么容易。

直到1944年，美国康奈尔大学的三位研究员，迈克·苏帕、米尔顿·科茨林和卡尔·M.达伦巴赫，在《美国心理学期刊》上发表了基于无数实验得出的结论。这些关于盲人感知障碍物的研究非常详尽，旨在解决理论和实验结果之间的矛盾。他们的结论已经完全弄清楚了这个问题，平息了有关争议。

这三位科学家在一个大厅中测试了很多失明的学生。在学生的行进路线上，他们放上障碍物，并观察学生遇到障碍物时的反应。他们向这些学生提问，以便了解相隔多远可能感知到障碍物。

在最后的总结中，三位科学家排除了以前的气流论、声波论以及“障碍感知”压力论。他们通过一种简单方法确认了听力的作用，那就是当试验对象的耳朵被塞住后，总会撞到障碍物。一名学生此前曾表示他的判断是基于“面部压力”，声音并不重要；但是当耳朵被堵住后，他完全失去了信心，说他“没有了任何感知”，只能抬起双手摸索着前进。另一名学生说：“我之前说的‘面部压力’纯属幻觉。”

三位科学家注意到，有一名学生对障碍物有出色的感知力，这是因为他能从障碍物附近紧绷的地毯上得到线索。但总体来看，在盲人躲避障碍物的过程中，触觉只起到很小的作用。在实验的最后，盲人学生和科学家达成了一致：盲人感知障碍物靠的是听觉，有时会辅以触觉。该实验或类似实验已经得到了各国科学家的多次验证。

盲人没有天生的超能力而只是有敏锐的五官，这一认知给盲人带来了巨大的好处，因为已经有相关的工作在帮助他们躲避路上的障碍物了。有些发明被毫无意义的争议拖延了很久。比如，英美的研究人员开发了一种可随身携带的超声设备，能发出超声波；还有一种装置也在美国制造，它可以将反射光转化成口哨声，在用户耳朵里每秒钟都发出声音，传递障碍物的距离信息。当然，这些发明还处于早期阶段，但毫无疑问，它们将会被完善并得到日常实际应用。这些都是盲人没有“第六感”的确切证据。

第 4 章
绕圈行走

人们提出了许多理论来解释为什么迷路的人会绕圈行走，有些不合逻辑的观点认为这是神秘力量在支配。其实，这并不神秘，我们用几个简单的逻辑就可以解释它。

我们从米洛的维纳斯雕像中就能找到主要原因。这种传统的完美身材并不对称。她的左脑比右脑发达，这是她和几乎所有惯用右手的人共有的特征。她的右眼位置低于左眼，鼻中隔在脸部中心线的左侧。这座雕塑并没有错。事实上，每个人的身体都不对称。98%的人都是右撇子，他们的右胳膊通常更长、更粗、更重，右肩比左肩矮了 0.5~1 英寸（1 英寸约为 2.5 厘米）。右手的神经冲动源自左脑，因此右撇子的左脑容量通常大于右脑，这是一个不争的事实。

通过人体解剖学发现，人的身体构造都不对称。

左、右手的使用对人划船或游泳有决定性影响。右撇子游泳者在没有视觉引导时会偏向左侧，因为他们的右臂更长、更强壮。右撇子划船者面向船尾时会把船划向右侧。正如手套制造商统计的那样，右撇子的右手通常大于左手。

人们常说，没有人生来就能灵活使用双手。的确，灵活使用双手是后天习得的，不是天生的特质。许多人——尤其是那些爱运动的人——会不断练习非惯用手，直到其灵活程度接近于惯用手。但即使这样，他们仍然保留着对惯用手的偏爱，这无疑是遗传。顺便说一下，猿类是个例外，尽管在其他身体条件上与人接近，但它们似乎生来就能熟练地使用双手和双脚。

心理学家告诉我们，虽然鼓励天生的左撇子使用右手是明智之举，但强迫其放弃惯用手则是不明智的，有时甚至会导致口吃，这可能是因为管理运动的那部分大脑的发育影响了与其相邻的大脑语言中枢。

据现在所知，左、右手的使用习惯似乎只影响到手臂、肩和头部，与身体其他部位缺乏对称性无关。但毫无疑问，其他部位是不对称的。几乎所有人的两腿长度都会有细微差异，这种差异对确定人行走时的方向偏差非常重要。通常，个体在相同方向上始终存在着误差，而且这种误差与人的左、右手使用习惯无关。

贝登堡勋爵曾警告童军在雾中绕圈的危险。有一次，贝登堡和他非常信任的一位登山员在苏格兰山区，过了一阵儿，贝登堡提醒他风向变了：出发时，风向偏左，而现在偏右。但这位登山员却坚称方向正确，尽管之后风又从身后吹来。很快他们就发现回到了起点，在原地绕圈。尽管贝登堡意识到了出现的状况，但似乎没明白其中的原因，也没意识到这种状况会出现在所有人身上。即使在军队的实地演练中，这种状况的普遍性似乎也被忽视了，尽管早在

1897 年，德国研究员马赫就曾指出，当大规模军队在夜间或暴风雪中行进时，可能会绕圈走，回到出发点。在军事演练中，测试个体的偏差方向及程度非常有用。如果实战时身陷黑暗中，对方向偏差的提前认知会大有益处。

偏向测试不难操作。蒙上眼，在开阔的空地上行走，比如被雪覆盖的田地，或者没有障碍物的沙滩，小沙滩也行。你可以对自己脚印的偏向特征进行观察、测量、评估和校正。这种测试甚至能在大厅里完成，只需有人观察你的偏差方向和程度，并阻止你撞上障碍物。

据我所知，1895 年，挪威科学家 F.O. 古尔伯格对绕圈运动的稳定性进行了首次测试。他在报告中提到，步频越快，偏差越大，并且这种偏差与不对称的身体结构有关。这种现象不仅发生在人身上，在动物身上也同样存在。

奇怪的是，一些科学家忽视了偏向的自然原因，找错了方向，没有考虑最可能的偏差来源，即个体两腿长度的差异。美国堪萨斯大学的 L. 谢费尔教授（《人体的螺旋运动》的作者）就认为，所有生物的大脑中都存在螺旋运动的影响，这是产生偏向的原因，而非身体的结构性差异。尽管腿长差异和偏向之间的关系如此显而易见，但他仍然坚持自己的看法。

对整个问题做出详尽研究的是美国巴克内尔大学的弗雷德里克 · H. 伦德教授。在对 125 名学生的 3542 次试验中，他发现腿长的差异越大，偏向的程度就越大。在一组学生中，80% 的人在腿长差异和偏差方向及程度之间存在良好的相关性。他的测试也显示了，在同一组学生的多次试验中，偏向具有一致性；并且，当这些学生倒退走时，其反方向的偏向也具有一致性。另外 20% 的人不存在相关性，他们故意给较短的腿一个更大的前进动力，从而补正了方向偏差。或许伦德教授最有意思的发现是，大约 55% 的学生会偏右，45% 偏左；确切地说，往左还是往右偏向可能与左、右手的使用几乎没关系，因为只有 2% 的人是左撇子。

有证据进一步表明，腿长的差异越大，偏向就越显著。令人好奇的是，1913 年，对蒙上眼睛的男孩和女孩的测试结果显示，男孩的偏差为 5.7°，而女孩的偏差为 10.8°。这在卡尔·桑德斯特罗姆 1951 年的著作中得到了证实。

所有人都会偏离方向。对大部分人来说，蒙上眼，大约半小时就能绕一圈；有些人会慢一些，可能需要 1~6 小时。实际上，没人能持续走出直线。当实验对象低头时，偏差会增大。如果实验对象往前走并将头转向一侧，他会偏向相反方向。如果倒退走，头转向一侧，他会向相同方向偏离。如果实验对象将头侧向肩膀，他会向着偏头的方向偏离。

多数情况下，腿长差异是走路时偏离直线的主要原因。但至少还有其他两个原因与这一现象有关，一个是生理上的，另一个是心理上的。为了研究生理方面的原因，我们做一个简单的测试。

保持双眼睁开，伸直手臂，竖起食指，让其位于你前方某个物体的中央。然后，闭上左眼。如果手指仍然与物体在同一直线上，那么右眼就是你的主导眼（不一定是视力更好的那只）。然后交换，闭上右眼，如果右眼是主导眼，那么你的手指就会跳到物体的右边；

但如果左眼是主导眼，它会与物体仍保持在同一直线上。

每个人都有主导眼，虽然很多人没意识到这一点。在户外，你可以将两个邻近的物体排成一条直线，以保持直线行进。虽然两眼都睁开，但这两个物体只会与其中一只眼睛保持直线。这是直线行进时又一个误差的来源，尽管这个误差较小。

其他的小误差来源，还可能是一个背包、一个重物，甚至是拿在手上的绳子或镐头，抑或其他让人偏离方向的外界因素。

人总是倾向于远离我所说的“干扰方向”。风、雨、雪或沙尘暴都可能让人偏离方向。他的脑袋会偏向作用力的另一侧，步子会不断偏离。即使右边有大太阳，这也会让人无意识地偏左。打算沿着山坡走平路的步行者，可能会潜意识地顺着最好走的路线逐渐地走下山来。

但是，除了这些基于结构、对称性和“干扰力”的误差来源之外，还必须考虑心理因素，它们的作用也不应被低估。受试者迎面遇上外界干扰力时也会偏向，这种偏离受到“心理偏好”的支配。人类已经形成了对右的偏好，根深蒂固。这是通过继承或旧传统（或两者结合）传递给我们的，潜移默化地对我们造成了影响。当旅行者在路上遇到简易障碍物时，这种偏好的表现再明显不过了。每一次偏向都趋向右侧，在长途旅行中，这就足以累计出很大的偏差。

这种对右的偏爱是如此强大，当没有外界干预时，人几乎总是选择右。甚至“右”这个词本身也强化了偏见，右手是快乐的手、强壮的手、敏捷的手、聪明的手。世界上几乎所有人，在他们的宗教、信仰、迷信、法律、行政、军队及器械中，都强加了以右为大的规则。尊贵的客人被安排在主人的右边，以示有别；其他客人则按照社会等级左右排列。在古代战争中，右手握长矛，而左手持防御盾牌；右成为荣誉的一方，左则是其“穷亲戚”。右手是诚信之手，可合法宣誓、执行条约；右手的结合让婚姻变得神圣。

一位名叫 R. 赫兹的研究员总结了如下的影响：“世界上的任何一个角落，在信徒朝拜神的圣地，在被恶语诅咒的地方，在王座，在证人席，在战场，在平静的织布间，到处都有界定左、右手使用的固定规则。如同世俗不能与宗教相混，左不能侵犯右。左手做的事只能是非法的、例外的，如果神灵被亵渎，生命被践踏，那么人和万物将被终结。右手至上既是维护宇宙秩序的结果，也是必要条件。”

这种对右的偏爱在瑞士阿尔卑斯山非常突出。在那里，最重要的古隘口几乎都在山的右侧，如圣哥达、老格里姆塞、富尔卡、伯纳德、斯普卢根、尤利尔、阿布拉和布伦纳等。此外，在周围的平地，每一条故道都显示出同样的右侧倾向，而山间小路也沿着右侧斜坡延伸。

查尔斯·威德默在阿尔卑斯的一个期刊上撰写了一篇有趣的文章，讨论选择中的右胜过左。他甚至指出，当一个人不得不独自做出突然决定时，永远不会选择左转，如果可以选择的话。威德默通过研究数以千计滑雪者的照片，以一种有趣、实用的方式确认了这一点。其实，想要见证这条规律无须远道去观察滑雪者如何躲避障碍物，大多数人都能在身边发现它，那就是在任何有两个入口的公共场所。这个规律非常重要，事实上，人们据此设计了博物馆里的展示顺序。在展厅或画廊的入口，公众会选择右转而不是向左。例如，在纽约的世界博览会，成千上万的人在可以选择左或右时，他们中的大多数会右转。

在旅行者走直线时，当他被某些力量或障碍物干扰，这种明显的偏右倾向会再清晰不过了。他应该下意识地记住这一点，并在通过障碍物时左右交替地行进。

总之，在试图沿着一条没有路标的直线行进时，必须防范以下主要的方向偏差来源，预知和校正由此产生的误差：

1. 游泳时，右撇子往右划水时会偏向左，因为他们主导臂的长度和力量不同于左臂。

2. 行走时，几乎所有人都会持续地偏左或者偏右。往左偏和往右偏的概率大约相等（55% 偏右，45% 偏左）。大多数情况下，这个误差是由人两腿的长短差异造成的。这种情况只能在个体实验之后测量和校正。

3. 外界干扰因素，如风、雨，甚至阳光，会让人偏离本来要走的道路。

4. 遇到障碍物或外界干扰时，在预设的道路上，旅行者几乎总是倾向从右侧通过。

第 5 章 沿直线行走

直线是两点之间的最短距离。空间上确实如此；但很少有野外旅行（除了在一些平原和沙漠中），两点间的直线路径是最快捷或最容易的。几乎没有好的路线会在起点和目标之间的直线上。正常情况下，最快捷的路线却是要绕道而行，当然这必须经过仔细估算。每次绕行都必须估算线路的长短，且与起点和目标的方向有关。如果没有受过足够的心算训练，那就得在纸上完成推算。每一次刻意绕行都应尽可能地保持在一条直线上。海上或陆上的导航员都知道，曲线很难记录下来。

每个地区的地形、地貌各不同。冰雪覆盖的山区有自然标识物，茂密的森林或冲积平原也同样如此。观察力敏锐和在类似地区有丰富经验的旅行者会尽力保持直线行走。他必须小心，不能仅从一棵特定的树、一块特定的岩石、一个特定的山坡或一条特定的溪流就得出结论。只有当地的普遍特征（如果你喜欢，可称之为共性）才能让他更深入地了解这个地方，从而计划如何绕道并到达目的地。

旅行者必须先选出远处的地标，以便导航，尤其是在稀疏地区。基本的做法是，找出前方的两个地标并将其排成一行，然后在身后方向也如法炮制。后方标识物与前方的同样重要；如果后方没有标识物，可以自己来做。在斯科特的南极征途中，T. 格里菲斯 · 泰勒在一个几乎无自然标识物的地方，就用上了被折断的信号杆。他将一块海豹皮绑在信号杆尖作为旗子，并涂上鲸油燃烧的烟灰。他的足智多谋让他在几英里外还能回头看见这个人造标识物，并将其与花岗岩峭壁上的一个大裂缝排成一线。事实证明，这对他们的返程至关重要，这是一个很棒的地标，这个桩子直接与五英里外海湾的悬崖裂缝保持在一条直线上。

要在森林中制造远距离地标就不太容易了。但是，过去的伐木工都遵循一个古老且历经考验的方法：用斧头或刀子劈开树枝并留下标记。森林小路上最好的标识是，在树的前面刻一道，在后面刻两道。如果旅行者打算原路返回，那么树后面的标记才是最重要的。如果迷路，前面的标记有助于救援队伍发现迷路者；如果旅行者在转弯的方向上折断树枝以示标记，那么救援就会更容易些。

美国东部的印第安人设计了一种非常实用的方法来标记他们的行踪：在行进方向上改变树的形态。一种方法是把小树的树枝水平地拉开几英尺，然后用藤条把它向下绑，一段时间以后，树枝就从被绑的地方向上垂直生长。还有一种方法是把小树的树梢弯下来，埋到土里，而后新芽会垂直地长出来。这样的活路标很多至今尚存，标示了印第安人日常路线中的节点和重要的绕道。在伊利诺伊州的高地公园、密西西比河谷地、宾夕法尼亚州的科瑞吉维尔，它们都被保留为历史性地标。

图 5.1　印第安人的两种标识物

当然，在森林小路的树上刻路标应当谨慎。没人想给树木留下不必要的伤疤或造成永久伤害。在国家公园里使用这种标记肯定是错误的；但在密林中，找路关乎生死，准确的刻痕非常必要。通常，密林里的寻路者必须不时地爬上高树，选出远处的地标，从而校验留刻痕的路线。

一种不伤害树木的探路方法是纸片跟踪法。在塔斯马尼亚岛，当我还是小孩子时，野外探路就是一项受欢迎的运动了。当“兔子”的男孩把一袋纸片扛在肩上，不时地撒在走过的路上，以便“猎犬”追踪。当然，实际上更多时候是“兔子”追踪着自己的踪迹返回巢穴。在有些地方，旅行者很难找到地标或能刻画的树，那么可以在雪地上用鹅卵石和红纸作为标记，在沙地上用鹅卵石和黑纸作为标记。纸片追踪法甚至在平静的水面上也能用。在加拿大不列颠哥伦比亚省的避风港，印第安人在钓鱼的路上将雪松的木屑从船上撒下来，如此能在浓雾中标记他们的路线。

还有很多非常有创意的“自制”标识物。在澳洲，土著在空旷的地方点燃鬣刺，让燃烧的烟保持在一条直线上。行进时，他们会不时地与身后方的标识物排列成线，以此校验方向。鬣刺在澳洲中部的一些空旷地区能找到，绿色时可以燃烧。但必须谨慎使用，如果存在火势蔓延的危险，则要禁用。旅行者需要的是烟而不是火。在半干旱地区，可没人想破坏那里的地表植被。

最简单的路标之一算是堆石标记了。旅行者必须调查周边环境，注意岩石的堆积形态要不同于任何天然石堆。在某些地方，堆石是制造方向标识物的唯一方法；而无法用到堆石的地方几乎没有。当然，堆石也可以换作雪或冰。在广阔的南极地区，长达数周的旅行枯燥乏味，这里缺乏地标，因此堆石对创造历史的探险家来说必不可少。在斯科特船长最后一次悲壮的南极征途中，他写道：“如果我们过度依赖地标，或许我们早就遭遇疾病的困扰了。显然，精心的堆石标记可能是这片大雪原上最好的方向标识物。”

斯科特进一步描述了这些人造标记是如何在出发时被堆积起来，又如何给予了整个团队从极点返程的信心。

图 5.2　行走在澳洲的驼队依直线点燃三个火堆生烟

1912 年 2 月 23 日，星期四。标识物少得可怜，看起来得继续出发了；没人对此感到高兴。但是，就在我们决定吃午饭时，鲍尔斯那双敏锐的眼睛发现了一个古老的层叠堆石（实际上是一个巨大的雪堆），经纬仪证实了这一发现，我们又开始高兴起来。下午继续前进，又找到了一个雪堆；然后在距离补给站仅 2.5 英里的地方扎营。虽然还看不到补给站，但如果天气条件不错，应该能找得到。我们格外欣慰，7 个小时行进了 8.2 英里，我们甚至可以走 10~12 英里的。处境渐渐地好起来，我们和那些雪堆在一条直线上，但愿能直抵补给站。

在后来的南极探险中，海军少将理查德・E. 伯德使用了类似的线性人造标识。伯德的探险队把橙色旗子绑在木桩上，代替之前的雪堆。他们在食物和燃料补给站的东西两侧，沿直线，按 1/4 英里的间隔标记路线。这些旗子，逢四的倍数就标上数字，从 1 开始，向补给站两侧扩展。东边的旗子上有大写的“E”；标有“W2”的是补给站以西两英里的第八面旗子。在往南极的 200 英里征途中，伯德的队伍使用这种方法来标记路线和补给站的位置。

在缺少地标的地区，旅行者队伍可以通过所谓的“印第安纵队”让自己成为地标或者方向标识物。旅行者队伍不会也不应盲从其领队者，大家应谨记，领队者同样受到生理和心理方面的影响，可能引导队伍偏离直线行进。在“印第安纵队”中，队尾的最后一个人能很容易地看出队首的方向偏差。

在阿尔卑斯山，常有旅行者使用这种方法。即使最有经验的向导，也没法让拉着绳索的队伍保持直线行进；正是队尾的最后一个人在校正整个队伍的方向偏差。当然，这种校正并非绝对可靠，还需要定期借助指南针来纠偏；不过这种方法确实还原了指南针本来的属性，那就是间歇性使用。这种方法在暴风雪中同样能用。行走时指南针会来回摆动，因此读取指南针时整个队伍必须停下来；但这并不妨碍队伍的行进速度。

R.H. 卡恩曾有过“印第安纵队”的亲身经历。在一次科学考察中，他加入了一群山地向导的队伍。当时天气恶劣，能见度低，这个队伍使用的正是这个方法。队伍行进在奥地利西部大格洛克纳山的佩斯特兹冰川上。这个地区的向导有一个古老的传统，那就是在暴风雪或大雾中，大家用绳索相连。第一个向导计算出行进的方向，并力争保持住；最后一个向导从缓慢移动的队列中看到方向后，控制着脱离直线的方向偏差。所有的向导都知道，前面的人没法独自完成这项任务。卡恩很容易就看出来，领头的人经常在环形路上表现出偏右的倾向，最后一个向导要不断地对前面的人进行纠偏。尽管领头的人也意识到自己的右偏，但他只能有限地纠正自己，因此仍然要靠后面的人来观察他是否在走直线。

在极地，狗拉雪橇是使用最广泛的交通工具之一，它本身就是一条足够长的队列，旅行者能以此来对准和校正。从领头的狗到拖尾的雪橇大约相距 50 英尺，这个距离能瞄准远处的地标，也能与风成的雪堆纹理形成固定角度。只有在浓雾或暴风雪中，能见度才会降到 50 英尺以下，这种情况下，旅行者通常会停下来等天气转好。但在丘陵和山地，三个人以上的队伍如果赶上大雾或能见度低时，由于很少会带帐篷，必须继续前进。纵队延伸至能见的最大距离，大家头上、背上的白布或白手帕提升了可见度。在黑暗或大雾中，呼叫声比视觉标识物更可靠，而一个有穿透力的口哨声比呼叫声更能让对方听到，因此登山队员都应当携带哨子。

本章涉及的方法是如何在行进时保持直线，而不是找到直线。当然，重要的是不断校正队伍的大方向，这不仅要利用指南针（我已经说过），还要利用风向。风向可以由云（云越高越好）、太阳和影子、月亮和星星来推断。所有这些基本的导航方法会在后面的章节中讨论。但是除了这些基本方法之外，还有另一种直线导航法值得讨论，那就是故意误差法。这种方法（在旅行条件允许时）旨在让我们某种程度上偏离目的地。

我能回忆起，在 1931 年我和威利·波斯特的环球飞行中，我曾成功地使用过这个简单的技巧。当时我们的所在位置是西伯利亚东部，这里没有易分辨的特征能用来读取地图。在离开伊尔库茨克长途飞行 1100 英里后，我们打算在阿穆尔河岸边的一个小机场加油。然而，这段航程最后的几百英里是在茂密的草原上空，没有城镇，没有道路，几乎没有任何地标。我们知道可能会在临近天黑时降落，而机场并没有灯光。我们不能浪费时间去寻找机场了，于是我故意在目的地左侧 10 英里设计了一条路线，直奔阿穆尔河。当我们到达阿穆尔河时，我告诉威利·波斯特右转。于是，在绕过一个河弯后，我们在阳光照耀下降落在机场上。波斯特不明白为什么我如此明确地要向右转。我后来向他解释道：我们路线的最后一部分是没有标记点的，因此这张地图很有问题；如果我们设计一条路线直接去机场，而在到达阿穆尔河时却错过了它，那么我们就只能在错误的方向上浪费掉日落前的所有时间。

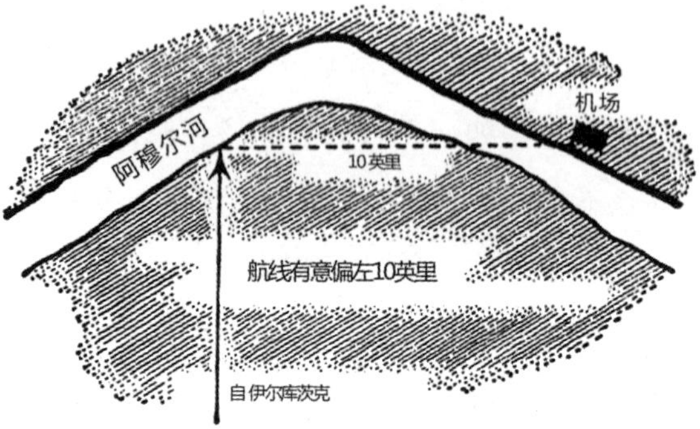

图 5.3　故意误差法的应用

当然，只有当特定环境与目标性质有关联时，这种方法才能被探路者所用。目标必须在某种明确的路线上，如河流、山脉或海岸线，但不需要是直线。有意义的是，如果目标在这样一条线上，你不需要任何明确的地标就能到达这条线。

这显示了经过计算的故意误差的价值。这是一种简单的方法，不论旅行者要往哪个方向转，它都能让旅行者到达目标所在的这条基线（除非犯了非常严重的错误）。任何正常的无意识偏差都能用这种方法消除。通过故意向目标的右侧或左侧前进，导航者可以消除不确定性，明确其目的地。

第 6 章

利用听觉

几年前，已故著名旅行家、探险家斯宾塞·查普曼在格陵兰岛东海岸与狩猎的爱斯基摩人一起划独木舟。海岸没有冰，大浪拍打着海岸，因此，当突降浓雾，能见度下降到几码时（1 码约为 0.9 米），仍能清晰听到岸边的海浪声。他们出发有一段距离了，查普曼非常担心如何找到返回峡湾的狭窄入口。但是，正如他写道："爱斯基摩人似乎完全没受到干扰……他们轻松地哼唱着古老的歌谣，打发着时间，偶尔从船舷边扔下鱼叉，整个画面充满着生活乐趣。"

持续行进了一小时，领头的爱斯基摩人突然转向岸边，无比准确地找到了那个狭窄的入口。查普曼过了好一阵儿才确信了这种导航方式的精确度；在认真观察之后，他明白了发生的一切。这是一个简单的方法。"沿着海岸线，"他写道，"有雪鹀的巢穴，每只雄鸟都站在石头上，鸣叫着，好似唱着甜美的歌，以此宣告对巢穴'领地'的所有权。由于每只雄鸟的鸣叫声都有些微不同，爱斯基摩人早已学会了识别每一种声音。这样，一旦他们从众多声音中辨认出在峡湾岬角筑巢鸟儿的叫声，他们就知道是时候转向海岸了。”

在寻路时倾听和辨识声音，普通人可能做不到，有时甚至连有经验的旅行者也做不到。我们每时每刻都能听见外界的声音，但这些声音大多甚至完全被忽视了。只有当我们能辨识噪声，有意识地定位它们，才能在导航中利用它们。一旦辨识了这些声音，我们会发现这种导航辅助方法竟能在很多地方派上用场。

所有感官的使用都可以通过练习得以提升，但或许没有哪种感官比听觉使用得更广泛。日常生活中的每一种噪声都能引导旅行者，无论是来自人身上的声音，还是人类活动的、家畜的或大自然的声音。人能听到砍东西和锯木厂的声音、教堂的钟声、口哨声、火车和公路上的隆隆声、牛的哞哞声、鸡的咯咯声、绵羊的咩咩声，还有瀑布、急流和海浪拍岸的声音。所有这些声音都可以用作标识物，可以与旅行者头脑中的地图关联，可以作为旅行者在没有其他标识物时前进的标识。

和几乎所有动物的耳朵一样，人的耳朵也可以辨别声音的质量、数量和方向。大多数眼睛在前面（与眼睛在头部两侧相对）、有“双目视野”的动物，它们的耳朵都能收集前方的声音。也就是说，人可以把视觉和听觉都集中到声源上。大多数人两耳的灵敏度存在差异：右撇子通常右耳更灵敏，左撇子通常左耳更灵敏。听力正常的情况下，两耳的灵敏度相差 1/9，这接近右撇子右手力量大过左手的差异。然而，两耳灵敏度的差异并不影响定位声音的能力；几乎可以肯定，声音测向靠的不是声音的大小，而是声波的差异。有必要了解，即便在最理想的条件下，人在水平方向上定位声音的误差也不可能小于 10°；在垂直方向上，那就更不准确了。

人听不到频率低于 20 赫兹和高于 2 万赫兹的声音。每个人能听到的音频的上限有所不同。选择一个频率为 1100 赫兹的声音，所有人都能听到，其波长大约是一英尺。转动头部，让两耳的连线与声源方向成 45° 角，那么声音会在约 0.0004 秒之后从一侧耳朵到达另一侧耳朵，离完成一个周期还差 2/5。

虽然人和很多动物都主要靠声波来确定声音的位置，但可以肯定，有些动物，特别是能转耳朵的动物，也可以通过声音的强度来定位声音。这个方法甚至可以用于人声定位，条件是要定位的声音音调较高，就像很多的鸟叫声那样。

人在定位声源时，可能会无意识地找到正确的位置“扫描”声波，也就是转动头部以使耳朵与声源处在相同的平面上。通常，声音定位的测试者会停在两耳连线与声源线成 45° 角的位置。如果声音来自上方，测试者会偏头，倾斜耳朵。

对声音敏感的人会无意识地做这些事。但如果有意识地做“扫描”动作，对声源位置的判断会得到改善，比如，故意寻找声波最不可能的角度或者搜索两耳接收到的音量大致相等的方向。相较于音量，人对声波的感知更加无意识。事实上，生理学家和神经学家现在还没有弄清楚大脑如何解译不同的刺激并推断出刺激源的位置。

解译声音的有些步骤只能交由有意识的大脑，比如风速和风向的补偿，以及对噪声质量的评估。此外，声音不仅能在空气中传播（当然是作为空气的干扰量），也能在地面和水中传播。美洲印第安人想要听到马的奔跑声，就把耳朵贴在地上。斐济人潜水时会害怕鲨鱼，但他们远远地就能发现鲨鱼的声音，甚至和其他鱼的声音区分开。

比找到声源方向更难的是判断声源的距离，这需要长期的努力、训练和经验积累。但是，那些熟悉日常噪声（如砍柴声或鸡叫声）的乡下人，凭借经验，通过音量就能相当准确地估算出声源距离。

我们知道，回声定位是在蝙蝠和一些鸟的各自进化过程中独立出现的；人类通过机械装置也掌握了这个方法。但是，如果要测定的目标距离合适，人还可以进行一些简单的回声定位。当大雾或黑暗笼罩山区，大声呼叫的回声可以让旅行者知道与山的距离，如果他记得声音在空气中的传播速度是 0.2 英里 / 秒的话。对海员来说，回声测距非常有用，因为声音可以在水面上传播很远。在雾中或夜里，靠近岩石海岸的船只必须通过手枪的射击声、汽笛声或呼叫声来判断与海岸的距离。事实上，在挪威、不列颠哥伦比亚省和拉布拉多以及阿拉斯加的内陆航道，当天气条件不好时，船长和导航员经常使用哨子。哨声和回声每间隔一秒，就对应着距离反射面约 560 英尺。

由于声音能在水面上清晰传播，因此海员有时在看到海岸前远远地就能听到海浪的咆哮声。但是，能听到的声音的距离明显受到风的强度和方向的影响。在判断来自海岸的声音时，必须始终虑及这个因素。岸上栖息的海鸟会发出无数的声音；可以很有把握地推断，在世界上大部分地区，夜晚海鸟的叫声都表明了陆地的方向。很少有海鸟夜间进食，即使夜间进食，它们也非常安静。白天，有的海鸟在发现理想的捕食地点时可能会非常吵闹，但多数海鸟还是安静的，除非是在它们的领地内。所以，一般来说，海鸟的或者任何鸟的叫声都意味着陆地。当然，陆地上的很多其他声音也能在海上听到。在雾中或夜里，海岸附近的导航员可以区分火车声、海事的起雾信号音、工厂的轰鸣和其他作业声。在雾中，导航员听到船的汽笛声就知道小心有船通过，听到间隔的铃声就知道声音可能来自锚泊的船只、钟形浮标或者其他静止标识物。导航员总是倾听着海浪的声音，如果这个声音突然消失，可能不是因为船开远了，而是出现了海湾或港口。

毋庸置疑，盲人靠听力接收外界信息。对大部分幸运的人来说，他们有正常的视力，因此从没考虑过这些事。但盲人的不同寻常，也可以成为他们的价值所在。

第 7 章
利用嗅觉

许多早期探险家通过嗅觉找到了“新陆地”。有人曾写道，在距离西班牙海岸三十多英里的地方，就能闻到迷迭香的味道。1768 年，路易斯·德·布干维尔在澳洲东海岸时，他写道：“在日出前的很长一段时间里，香气弥漫，这预示附近有陆地，环抱着一个东南向的巨大海湾。”

在布干维尔之前，就有探险家被春天的花朵、新鲜的干草和刚犁过的土地等散发的自然气味所指引。在弗朗西斯·德雷克爵士 1577 年的太平洋探险中有这样的记载：“此后我们将路线调整为南南西方向……当时我们闻到了一种很甜美的泥土气息。当天下午三点，我们就看到了陆地。”

大自然的气味不仅让人愉悦，也能用作路标，因为许多地方都有独特的气味。从福克兰群岛驶出数英里，可以闻到泥炭燃烧的气味；在佛得角群岛外，柑橘的气味会“欢迎”远道而来的航海者；

在热带海域，航海者还能闻到目所不及的海岸上干椰子那略带甜味的腐烂气息。在海鸟栖息的小岛上，鸟粪散发出刺鼻的氨气味，旅行者在看见岛屿之前就能闻到。灌木丛和森林燃烧的气味、炼油厂的气味，这些都意味着陆地不远了。海滩和潮汐作用下的土地有独特的气味；土地新犁过后的甜美气息可以随海风飘出数海里之远，尤其是在大雨后。

在雾天、雨天、夜间等能见度较低时，气味通常是最浓的。波利尼西亚人远航时经常带着几头猪，因为它们的嗅觉极其灵敏。当猪闻到目所不及的土地的气味时，会变得兴奋，因此波利尼西亚人密切关注着它们。海风的气味不仅告诉旅行者陆地就在附近，还能透露出陆地的方向。敏感的海员能很快发现新的气味，因为他闻惯了船上的气味，而这个气味不像城镇或村庄的那样会发生变化。相比在陆上，新气味在海上更容易被辨识。

早在 1924 年，当时我是一艘油轮的三副。在驶离加利福尼亚港口 20 天后，我正在船上观察。我清楚地记得，从 80 英里外飘来的新鲜干草味，瞬时舒缓了船上那股枯燥的气味。就在那一刻，虽然相隔尚远，也无须其他任何佐证，我已经知道：新西兰就快到了。当然，现代导航设备也证实了这点。

这也让我想起那次航海中早些时候的又一件事。我们的船长常以嗅觉敏锐而自豪，说他闻到了海岛上热带花卉的独特气味。于是大家赶紧查看海图，但没人能找到这个气味可能的来源。非常遗憾的是，由于害怕船长失望，我和一位同事隐瞒了我们在轮机舱向传声筒里熏香的事儿。

一般来说，陆上的气味比海上的更多，也更难辨识。然而，还是有很多陆上气味，包括大自然的和人类活动的，对旅行者来说易于发现和分辨，也非常有用。在沙漠地区，气味相对简单，唯一的气味通常来自附近的绿洲和人类定居点。当风向合适时，旅行者仅靠气味就能行进数英里，从而找到水源或绿洲。在新近向导航学会宣读的一篇文章中，R.A. 巴格诺尔德准将就提到了嗅觉在沙漠地区的使用：

> 在沙漠，如果傍晚和清晨的天气条件有利探路，风向也容易预测，那么有时仅靠气味就能找到会合点。在荒芜之地，几乎没什么气味，以至于人对气味的敏感度竟有些像狗。例如，在大小如英国一个郡的区域里，通过持续数英里的航位推测法[①]，就可能找到位置含糊的隐蔽水源。有人就曾完全靠骆驼的气味在八英里外的地方找到过。

在极地，那里是真正的荒漠，探险家也有大致相同的发现。事实上，他们自己的气味和补给站动物的气味就是主要的嗅觉引导。出色的雪橇队向导，也包括探险家，会在顺风向定位食物补给站的位置，以便让雪橇犬凭借敏锐的嗅觉最终找到并抵近补给站。

当然，狗的嗅觉不仅比人好得多，而且它们的头部离地面更近。在地面附近，飘浮在空中的气味分子的活动几乎是最强烈的。早期

① 航位推测法（D. R.）是一个导航术语，靠估算找到路径或地点。

人类非常了解如何利用气味追踪猎物，会坦然地像狗那样把鼻子贴到地上。

但对现代人来说，通过气味狩猎，结局可能很失败。与早期人类相比，现代人并不缺乏追踪气味的能力。或许他们也有相同的与生俱来的本能，也有同样良好的嗅觉，但是早期人类意识到了嗅觉的重要，不断磨炼，而现代人则对这种能力失去了兴趣。

然而，有很多气味，即使现代人不熟悉，也不可忽视。只有傻瓜才不会逆着风寻找烟雾的来源。敏感的旅行者能分辨不同的烟雾，例如松木燃烧的烟和山杨木的烟。在美国西部的落基山，辨别烟雾的技能非常有用。通常，松树燃烧的气味意味着森林大火；但正如第一章里所说，山杨燃烧的气味意味着附近有人家，因为山杨是落基山里的人喜爱的壁炉燃料。

无论面积大小，许多地方都有独特的气味，这是不争的事实。城市中有很多这样的气味标识，例如，鱼类市场与花卉市场的气味不同，牛肉市场和鱼类市场的气味也不同。有时，城市（或城市的一部分）可以用气味来识别，即使不能从高空，至少在正确的方向上相距很远就能闻到。我清楚地记得多年前从华盛顿飞纽约，途中的能见度很差（那还是在有无线电辅助设备之前），但我们仍然准确地确定了方位，这是因为闻到了胶水工厂的气味，这表明我们身在费城的郊外了。

第 8 章

天空反射及静止云观察

无论在陆上还是海上，长途旅行者总会行进在云之下。云的形态可能表明了山脉或多山岛屿的存在，对于这样的静止云，我会稍后解释。几乎任何地方都会出现多云的天空（尽管这在一些沙漠非常少见），但这与旅行者选择路线或确定位置绝非无关。他可以利用云的多种形态了解地表的某些元素。对有经验的自然导航者来说，云如镜，可以告诉他目不能及处的情况。

例如，在冰雪覆盖的海上，旅行者可以通过“云镜”探测到开阔的水域，因为开阔水域反射的光线要比陆地或冰面的少。在云之下，开阔的洋面一片黑暗。通常，这只能告诉旅行者海水的存在，却不能可靠地说明水域的范围，因为浮冰之中的一小块水面也会在天空中显示出同样明显的效果。此外，在寒冷的开阔水域，蒸汽通常会从水面上升，特别是当空气的温度达到或低于冰点时。这些蒸汽往往以一种暗云反射的方式影响到光线。在风力作用下，较小面积的开阔水域的此种现象会被扩散到更大的区域，于是能告知相距甚远的导航员有关水域的情况。这就是所谓的“水天空”。

约翰·富兰克林爵士在北极地区不幸失踪后，在一次搜寻未果的行动中，德·海文中尉向北和向西寻找着开阔海域；然后他看到了“水天空”。佩尼船长采纳了他的发现，并证实了该地区确实存在开阔的水域。

道格拉斯·莫森也指出，在没有其他导航手段的情况下，这种特殊现象很有价值。“离开山地后不久，”他写道，“在直通营地的路上，除了北边的‘水天空’，没有任何路标可以利用。陆地被阴云笼罩。”

与“水天空”相反的是“冰反光”。在灰暗的天空，“冰反光”是一个醒目的亮块，是被海水包围的浮冰或岸冰的标志，这些冰块区面积很大，其反射光足以被观测到。一块很小的浮冰区在天空中的反光，很远就能看到。北极探险家一直关注着这种“冰反光”。在众多的例子中，我引用亨利克·阿克托斯基的描述。“（1898 年）1 月 19 日，”他写道，“德·格拉克指挥官发现了南边的‘冰反光’。天空被厚厚的云层覆盖着，就在地平线上，一条明亮的白线出现了，像一条纵向的裂缝，从灰色的天空中分离出来。它并不连续，略带波状，高出地平线不过 10~25 英尺。晚上八点，勒克安特就发现了第一座冰山，它看似穹顶一般，在大约 10 英里外陡然从海里冒了出来。”

在陆上，多云的天空可以告诉旅行者很多东西，最简单和最重要的有：明亮的城市、乡村，机场的灯塔或某个强光源。当光源位于观测者视线以下时，通常能在天空中看到若隐若现的光。

在北极或雪山地区，相当多的地表特征会被反射到多云的天空中——有时甚至可以说天空提供了一张“地图”。雪地或冰原之中可能存在开阔的水域或裸露的岩石，由于这些物体相对来说不产生反射，因此，“云屏幕”上反射图像的缺失，即便不能表明它们的形状，至少也证明了它们的存在。如果数量足够多，即使新的结冰（蓝色或绿色的）也会在云层的下表面显示出灰色斑块。植被也可能在多云的天空中显露出来，那些生长在雪坡上的被称为“粉红雪”的特殊植物，有时甚至会在云上反射出粉红色的效果。

相反地，在植被覆盖区域或裸露的岩石区域之中，小块的冰面和雪地会在云层下表面形成一道钢蓝色的反射。在雪地边缘，雪的热反射与裸露的岩石之间存在巨大差异，由此天空中会出现亮光，在光照强烈时，这可以在山脊上观测到。

在沙漠里，不同程度的热反射会产生“沙漠反光”。这在某些沙漠终年晴朗无云的天空中可以观测到。由于白沙的反射超强，白沙区域可以产生非常明显的“沙漠反光”。绿洲也能产生“沙漠反光”，但这是因为它反射较弱的原因。

沙漠中，骑骆驼的人的眼睛离地约 10 英尺，而绿洲通常在谷地里，在撒哈拉沙漠的某些地方，绿洲被高达 1000 英尺的山丘环绕，因此，要从远处看到它通常是不可能的。但是，由于绿洲和周围沙漠的热辐射差异，绿洲上空会产生一种特别的雾气，撒哈拉地区经验丰富的旅行者称之为 shabur。谷地周围的热辐射可见，而谷底的却看不到。在可视的水平线上，环绕谷地的那一圈空气的温度不同于中心，由此产生的大气折射的差异能立即被观测到。

在很多潮湿的地方，云通常在山顶不断地形成。因此，在许多高地、海岸山脊和高海拔岛屿，山顶周围往往有静止云或“云冠”。这些云向上延伸，通常远高过山尖。当这些云在某一点上不断形成时，较之于旁边或上面的移动的云，它们的位置是固定的。这在很远之外就能看到，能告诉我们视平线以下有山峰存在。

这种高处的静止云信号，不仅土著会用，早期的西方航海家也会用。正如他们的航海日志描述的那样，德·布干维尔和丹皮尔就非常重视它。拉贝鲁斯是法国早期太平洋探险家之一，他缺乏现代导航设备，但就像他所记录的，他密切关注着视平线上的静止云，因为它们可能指明岛屿或陆地的存在。

静止云的形态通常比信风云更卷曲，很容易通过其形状和静止的特征判断大洋上存在岛屿。此外，在热带地区，海岛上空不仅会产生静止云，还会在静止云上出现独特的反射光。有些岛屿，特别是珊瑚礁，非常低，也非常平。尽管如此，它们也会产生静止云，因为珊瑚礁的白沙比周围海水反射了更多的热量，岛屿上方的温度急剧下降，足以创造出水蒸气凝结的条件。由于盛行风的影响，这样的云通常不是在岛屿的正上方，而是略偏下风向一侧。在停滞的云层之下，环礁的潟湖很是突出，其明亮的青绿色与周围海水的深蓝色形成鲜明对比；这种颜色的反射，有时能在珊瑚礁钻出视平线之前就远远地观测到。事实上，潟湖或其他浅水域有时会在完全无云的天空制造反射，美景让人叹为观止。

著名的美国海洋学家马修·方丹·毛里在《航海指南》中这样

描述珊瑚礁和浅滩上空的静止云：

> 它们经常悬停在海拔极低的热带小岛上空，甚至是珊瑚礁和暗礁的上方。对海员来说，终日静止的云就像海上的灯塔，警示他哪里有看（或听）不到的浅滩和危险。

通常，热带海域的旅行者会把日出前某个特定方向的闪电看作陆地存在的标识，特别是当陆地或多山岛屿的上方有静止云时。

到目前为止，我大致介绍了静止云和云的反射。现在举一个特别的例子，如果自然导航者对当地有所了解，那么观察云层的作用会更大。

冬季，在加拿大东部的圣劳伦斯河谷，干、支流的河水都比空气的温度高，常常形成一条薄雾带，而瀑布溅起的水花使之更甚。例如在魁北克附近，有时会看到静止云出现在绍迪耶尔瀑布和蒙特伦西瀑布的上空。晚冬时节，经常可以看到小而清晰的积云静止在瀑布上方，高度为三四百英尺，位于群山之上。云在山顶上形成，在山的两侧可能略低一些；或者，云在峰顶上方的某个高度保持静止。前一种云通常在大雨前后出现，而后一种云通常出现在晴朗的天气里。

雨过天晴，地表被太阳暴晒几小时后，圣劳伦斯河口的岛屿上方会形成云层。当天气状况很稳定时，云会出现在中午，悬浮在被大片寒冷海水环绕的小岛之上。不远处则是与此相反的情景，被陆地环绕的小块寒冷海水的上方是无云的。这当然是海洋的比热容比陆地大的缘故。通常，可以看到圣劳伦斯河谷的云层终日停滞在高地的上空，而水面上却没有云。当夜幕降临，陆地温度下降，陆地上空变得无云，云向河面上空飘了去。

一般的旅行者并不需要专业知识来解释这些现象。了解当地气象条件时，他也无须像训练有素的气象学家那样去探究孤立的静止云的意义。但是，许多局限于观察地面事物的探路者确实错过了利用云来导航的机会。

第 9 章
利用风找方向

世界各地的风在方向、速度、温度和湿度方面各有不同，但这些差异绝非偶然或无规律的。每个地区（几乎无一例外）的风都有其特征，一般情况下，某个特定方向的风在某些季节或全年中占据着主导地位。当然，这里我不能详细说明世界各地的盛行风或主导风；这也并不重要，因为利用大自然导航只需要发现它们、辨别它们并以其为向导。几乎任何地方的人都会了解当地的主导风，能告诉旅行者风是冷还是热，是微风还是疾风，以及持续的天数和出现的季节。任何区域的主导风通常就是盛行风（即在特定方向上持续时间最长的风）。较之于其他的风，主导风可以更持久（如此也就是盛行风）或更强劲，给树木、积雪、沙砾等地表物体带来的影响和方向效应最大。

一般来说，在南、北半球的中纬度地区（大部分温带地区），盛行风大多从西面吹来。在纬度较低的热带地区，至少在一年中的大部分时间里，盛行风从东面吹来，介于东北和东南之间，在赤道地区，盛行风也通常从东面吹来。这些东风被称为信风，人们通常并不了解它们吹过了大陆，也吹过了海洋。

举个例子，南太平洋的盛行风和主导风来自东南方向。它的强度中等，通常只出现在冬季。它风速稳定，在一年中持续的时间最长；而其他风的风向和风力变化较大，对陆地表面没有明显或持久的影响。

在没有指南针的情况下，自然导航者可以通过简单易懂的原理来辨识风向，即便并不熟悉当地的情况。在北半球，北风通常比南风更冷，而在南半球则相反。此外，在南半球，南风一般伴随着清澈的天空，人们能非常清晰地看到远处的物体。来自沙漠的风很好辨识，因为它们是干燥的。从海洋吹来的风很湿润，有些还带着雨。那些从雪山吹来的风往往会使气温明显下降。有些风挟带的尘埃、沙子或烟雾会告诉我们风的来源。风可以挟带粉尘跨越半个地球，在一些大型火山喷发几个月之后，火山灰甚至还能“渲染”几千英里外的落日天空。我就亲眼见识过风长距离携带烟雾的能力。澳大利亚曾有大量的丛林火灾，燃烧的烟雾被风裹挟着飘到了 1500 英里外的斐济，当时我就在那里。这时，斐济人能简单地辨认出哪边是西。

尘埃不仅可以被风挟带很远，还可以很高。有一次我在飞越美国时，堪萨斯州和俄克拉荷马州的尘土地区刮起了大风。在大白天，我们竟然不得不在 1 万英尺的高度完全借助仪器来飞行，因为风中的尘埃遮挡住了我们的视线。

每个地区的盛行风有其速度、温度和湿度上的特征，这方便探路者识别它们。探路者还能以同样的方式识别其他在不同时间和季节里盛行的风。例如，沿海地区几乎都受到海陆风的影响，原因很简单，因为海洋比陆地需要更长的时间才能升温，但保存热量的时间也更持久。沿海地区日落后，陆地表面开始变冷，而海面上的空气依旧温暖。这股暖空气上升，而岸上的冷空气吹了过来填补暖空气的位置，从而产生了所谓的陆地风。反之，海洋风通常在下午吹向陆地，因为陆地上的空气受热上升，来自海洋的冷空气（当时较冷）流向了陆地。

在开阔的洋面上，风绝非恒定不变，但盛行风通常有着特定的温度、湿度和风力，还伴随着特定的云。由于盛行风特征稳定，所以导航员能非常肯定其风向不会有大的变化，可以利用它导航。导航员只需要注意风是否发生了变化。例如在赤道以南，东南信风稳定又容易辨识，但信风中的船只有时会遭遇温度和湿度的突然下降，即使没有指南针，导航员这时也能正确地判断出风变成了南风。

热带地区典型的信风云是小而孤立的羊绒状云，通常出现在8000英尺以下的某个特定高度，在蓝天的映衬下轮廓鲜明。如果这些信风云消失，天空中阴云翻滚，那么导航员能由此可知：风很可能变成了西南风甚至西风。

在热带和夏季的温带地区，黄昏或夜晚的风的变化通常意味着附近存在陆地。一般情况下，这些微风会在夜晚或清晨带来陆地的气息。

在极地，风的温度是可靠的开阔水域“指示器”。较之于吹过冰川或雪地，吹过开阔水域的风温度更高。如果风向没有变化而空气温度突降，则可以推断出相反的情况：在上风向存在大的冰山。

在陆上，旅行者可以利用稳定的风来定向和保持直线。他可以用身体的同一部位迎着风，持续感受风力、温度和湿度，随时记录变化。许多旅行者会弄湿手指以观察微风的方向；不过最好弄湿脸，因为脸部更敏感。当然，微风可能并不可靠，因为它更可能变化；但如果风中带有显著的气味，也是有导航价值的。

在茂密的丛林中，感受到风的可能性不大，但很容易看到天空并留意云的运动方向。高处的云可能比低处的云在运动时更稳定，更能显示盛行风的风向。如果能看到高树的顶端，观察最高处随风摆动的树枝也可以判断风向。如果在下雪，雪花飘落的方向也能显示出风向。

世界各地的人都会给当地独特的风进行命名。著名的密史脱拉风从西北吹来，横扫法国东南部和罗纳河三角洲。这种来自山地的冷风，取代了饱受地中海阳光沐浴的坎布尔平原上升起的热空气，它的出现通常伴随有明亮的天空。密史脱拉风强劲、寒冷又干燥，一个周期持续 5~9 天，秋、冬季时更猛。炎热干燥的奥堂风也非常强劲，它从南面和西南面吹来。

法国大部分地区都会出现这两种风，但其他特征稳定的风也为当地人熟知。按照曼西奥的说法，庞蒂亚斯风是一种东北风，从德韦兹吹到罗纳河河谷平原；当高山积雪融化时，它就停了。庞蒂亚斯风在清晨出现，下午会被另一种风替代，这种风从西南的维辛河吹到罗纳河的支流艾格河。

顺便说一下，我总觉得风很奇怪，因为风是按吹来的方向命名，而自然界的其他运动，包括海流，都是按其行进的方向来辨识的。按风来自的方向命名是一种非常古老的习俗，在引入磁铁之前就已经用到了，那时地中海的海员根据不同的风向将地平线划分成多个分区。如果就这个地中海“虚拟指南针”追溯下去，可以了解风的名称和地平线划分的各种变化，而这取决于海员的国籍和所处的时期。长久以来，海员和旅行者显然注意到了风的特征和源头。来自北方雪山的一种风被命名为 Tramontane（意指来自高山），地中海某些地区的西北向主导风被叫作 Maestro（意指罗马，在西北方），从北非沙漠裹挟着尘埃而来的热风一直以来被称作 Sirocco（意指沙漠），而一种来自希腊的西北风名为 Greco（意指希腊）。

即使某个时间段没有盛行风，精通自然标识物的旅行者也能通过观察动植物来确定方向。蜘蛛没法迎风结网（尽管它们可能利用气旋或阵风），网的大致走向有助于辨识方向。需要提醒的是：破坏后又新织的蛛网可以指示当下的风向，但未必就是盛行风的。

大多数动物，尤其是鸟和昆虫，天生会在安全的位置筑巢。大多数生物对盛行风非常敏感，并且会利用它；人也可以。

在热带地区，岩石或树木西侧是躲避信风的地方，也是最容易找到动物巢穴的地方。在南、北半球的高纬度地区，东侧通常是最避风的，在东、东南或南侧（比北或西侧更干燥、更温暖），老鼠会在死掉的树干下挖洞，啄木鸟会在这个方向筑巢。在空旷地带，鸟在避开盛行风的地方更多见，即使风向变化之后也如此。例如在繁殖季，许多野禽会选择在湖泊或溪流边筑巢，大量聚集在避开盛行风的一侧。

在南非，最避风的地方是树木和岩石的东南侧。开普地区好望角的 S.H. 斯凯福博士对那里常见的木蜂进行了细致研究。他告诉我，这种昆虫总是在朝向东南的枯树上筑巢，因为在南非，挟雨而来的风来自西北方向，而木蜂受不了潮湿，这会让它们染上糟糕的真菌。

我们知道，风可以作为向导。事实上，风引导了地球上未知区域的探索者，在没有其他导航手段时，他们就会用到风。在道格拉斯·莫森最著名的南极探险中，他发现："要在厚厚的积雪中找到一条正确通往补给站的路并不容易，关键是还不能偏离，因为附近的岩石滩东西方向不过一英里，两侧紧挨着悬崖。像飓风一样强大的风在后面推着我们；我们发现正站在悬崖边上，这可不是件好事。然而，风算是稳定的，于是我们知道了往哪个方向继续前进。"

第 10 章

太阳和风的特殊作用

太阳光的角度和盛行风的方向会以一种特殊的方式留下印记。在某些类型的地区，有经验的旅行者可以轻易地辨识这些印记，即使是在阴天，或者风向不同于盛行风，甚至压根儿没风的情况下。

举例来说，在北半球的山地，南坡受太阳光直射最多，因此得到的太阳辐射量也最大。这就导致南坡的极端温度值比北坡更甚，特别是昼夜温差远高于北坡，霜冻侵蚀速度也较北坡更快。

由此得出山体剖析的一个普遍规则：在北半球，较之于南坡，北坡更平缓，更少被侵蚀，对攀登者而言障碍也更少。当然，在南半球则相反。

在雪地或冰面上，太阳很容易留下印记。如果是坡地，朝向太阳一侧的雪或冰自然会比另一侧融化得更快。雪地里的岩石或树木也会留下“融化影子”，因为它们会为部分冰雪遮挡阳光。在世界各地，这种“影子”能快速地指明方向。

在利用雪的融化辨别方向时，必须考虑盛行风的风向和太阳的方位。风的作用非常大，可以加快融雪的速度，如果风的温度较高，对融雪的影响甚至比太阳辐射更大。因此，虽说一般情况下阴坡的雪线海拔更低，但也不乏例外。例如在南半球，南坡的雪线通常比北坡低，但在新西兰的奥塔哥地区，我就注意到，低雪线区域被西向盛行风吹出了巨大的拱形，因此事实上是东南坡和北坡的雪线比西坡的低。

我们以一种有趣的方式在温带地区的冰川上观察风和太阳融化效应的方向性。当小黑石、树叶或其他碎屑物覆盖在冰面上时，由于它们吸收的热量比周围的白色冰面要多，于是这些地方开始出现融雪洞，而后形成雪水蓄积的小洼地。洼地的深度取决于太阳光能照到多深，通常情况下不到一英尺，但有些地方可达三英尺。这些洼地在标识方向上很有用，因为太阳的运动轨迹会在洼地一侧产生连续的半圆形边。在北半球，融雪洞的南缘几乎是直线的，呈东西向；而北缘是真正的半圆，弧线开口朝向南面。在瑞士阿尔卑斯山，这些融雪洞被称为“正午洞”或“子午线洞”。

正午洞的半圆形边是低纬度地区最好的自然标识。但在夏季的高纬度地区，融雪洞的方向指示作用不大。北极圈以北，夏天的太阳可能终日不落，融雪几乎在所有方向上同等发生，因此融雪洞的洞口实际上是圆的，没有方向性可言。但在温带和热带地区，融雪洞始终是旅行者有用的方向标识。开启融化过程甚至不需要黑色物质，在风吹蚀过的雪地上，风蚀坑边缘的遮挡效果足以开启融雪过程，最终，坑的边缘形成明显的半圆形。在许多积雪地区，雪坑或在融雪过程中产生的小洞也会显示出同样的半圆形效果，圆边位于远离太阳的一侧，而直边则靠近太阳。

正如小石子会制造“正午洞”一样，雪地上的大块岩石也会产生方向效果，但类型不同。从陡峭山谷滑落下来的冰川，很少能避开两侧的岩石和被侵蚀的泥土。崖壁上的岩石在正常的侵蚀过程中破裂，经年累月之后，会在下面的冰川上形成断断续续的岩石层。正是这些岩石形成了冰川侧碛。当冰川相遇时，它们的侧碛会连在一起，形成一个中心冰碛物，这些冰碛物会在冰川的中间或边缘移动。阳光下，大块岩石会保护它下面的冰免于融化，从而呈现出与黑石子完全相反的效果。

慢慢地，太阳融化了石板周围和下面的冰，结果是石板站在了冰基之上。一块大石板成了一张单腿的桌子，它的面积越大，越能对其中心区域下的冰起到保护作用，冰基也就越高。在大多数温带地区，无论支撑的石板大小如何，冰基的高度不会超过 2~3 英尺；但是在太阳光直射的热带高山地区，冰基可能更高，达到 7、10 甚至 13 英尺。

在瑞士阿尔卑斯山，这样的景观被称为“冰川桌”或“冰桌”，其倾斜具有方向性。在北半球，冰川桌通常向南倾斜，因为冰川融化主要发生在南面。一般地，随着冰川融化，冰川桌向南的倾斜度会变大，达到某个角度时，石板就会从冰基上滑落到冰川表面。旧的冰基会融化掉（尽管它的残骸经常可见），新的冰基会在石板的新位置开始形成。事实上，当融化剧烈时，同一个夏季里就能再形成一个新的冰川桌。在它的北面，冰川桌的前身，甚至是前身的前身，可以在一条直线上被观察到。这些直线和石板的倾斜度为瑞士阿尔卑斯山的登山者指明了南北方向，非常可靠。大型冰川桌可以在昂特拉、下格林德尔瓦尔德和阿雷奇冰川见到。

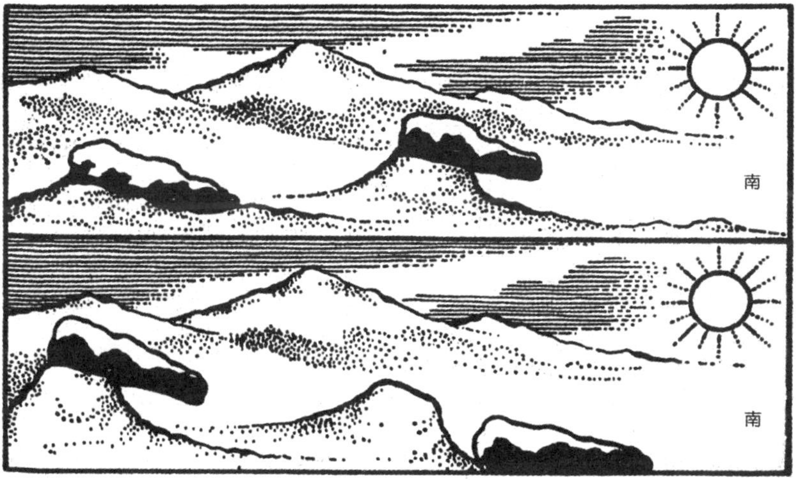

图 10.1　冰川桌

在北极，冰川桌很少见，而且几乎没有方向价值，因为那里夏季的太阳高度角很低，地平线上的太阳辐射通常会使石头周围和下面的冰融化，然后导致石头沉下去。

在某些类型的地区，可以观测到盛行风的特征，如同观测太阳光一样简单。风挟带着侵蚀性物质，如水分、雪、沙子等，这些东西会在地表上留下清晰的印记。道格拉斯·莫森非常清楚盛行风和雪堆经常在岩石和坚硬的蓝冰上留有印记。这样的冰会在雪堆的作用下滑动，而雪和冰都因为盛行风的作用而变得光滑。有一次，莫森在南极发现了一种不一样的岩石，其风化作用与较低维度地区太阳光对岩石的侵蚀非常类似。朝北的岩石与朝南的大不相同：朝南的岩石被风蚀得更圆滑，而冰冻作用令其表面略有破裂；朝北的岩石更粗糙，也更支离破碎。

我必须强调，在大多数纬度上，太阳、风和雨的作用必须结合起来解释。暴露在阳光下可能产生与盛行风和雨相反或减缓的效果；当太阳和风一起作用时，结果会更明显。为了展示太阳和风如何在大自然中共同作用，我选择了一个特定区域为例，有兴趣的人都能观测到其中的细节。

在华盛顿州东南部的帕卢斯地区以及爱达荷州的北部，数世纪的侵蚀使土壤演变成连贯的山丘，呈现出类似沙丘的地形。冬季，风始终从西南面吹来，山顶的迎风坡光秃秃的，背风坡则堆积起很深的雪。经过漫长的岁月，这使得朝向西南的山坡相比陡峭的背风坡更平缓。

在这个地区，哪里积雪最厚主要看西南风的巨大力量。山坡的坡度差异很大，朝向西南的山坡是平缓的，平均坡度小于 18°。这种地貌形态广泛出现在整个帕卢斯地区，因此夏季的旅行者可以很容易通过观察山坡来确定方向。

第 11 章
利用植物找方向

我们很少驻足观察树的形态，因此通常没有意识到，在世界各地，树的不同形态能告诉我们太阳和风在方向上的影响力。要理解这两种力量如何影响树，就有必要建立一种“形态意识”，熟悉各种树的基本轮廓。每一种树都有独一无二的形态，因此，如果从树的轮廓来研究，能更容易区分树的种类。先从树的形态开始，在大脑中记住它，之后就能更容易地对树叶和花的细节部分进行分析。

识别当地的常见树种对探路者来说很重要。在大多数地方，可以找到介绍当地树种的书籍；还有，和熟悉当地树木的人同行也会很有帮助。一旦了解了当地的原生树种，就能识别外来的，尤其是观赏性植物，它们的出现往往说明附近有城镇或村庄。

大自然设计了树的基本形态，主要是为了满足树对光的不同需求。例如，通过比较冷杉与榆树发现，在不同气候条件下，树的形态不同主要是因为对光的需求有别。

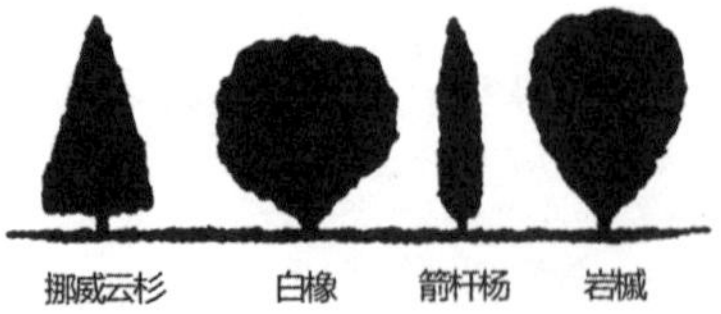

图 11.1　几种树的形态

在寒冷的北纬地区，许多树依赖于侧面的、扩散的或间接的光，为此进化成了金字塔形，最常见的例子是冷杉。这种树无法获得来自正上方的光，因此无须有一个像低纬度榆树那样的圆形树冠。高纬度地区的树的枝叶比低纬度地区的更松散，这样光可以透过缝隙照到北面的枝叶上。这些叶子通常是圆形的，这样不仅能通过树枝捕捉太阳直射光，还能从四面八方获得漫反射光。

当然，一些温带的树也有金字塔形状，如柏树。它们长成这种形态主要是为了躲避正午过热的阳光，而利用上、下午的光照。

旅人蕉是一个典型例子，大叶片，类似热带棕榈树，其细而直立的形态是为了躲避正午的热量和光照。有人以为这种树是因南北向生长而得名，然而事实并非如此。在赤道地区，这种生长方式对树没有任何好处，因为中午的太阳就在树的正上方。实际上，它的得名是因为树干中储存着大量淡水。

通常情况下，由于风、太阳或这两个元素共同的作用，树的形态会发生变化，这对辨识方向是有价值的。即使最漫不经心的观察者也会留意到强风中树的生长方向，从而判断出主导风向。但这种观察并没有实际价值，除非可以由此解译出南北西东的方位来。

对植被影响最大的是一个地区的主导风，它主要通过两个方面来影响，一是风力的大小，二是风持续的时间。探路者能很容易通过当地树的倾斜了解主导风向，并将此用在找路上。

图 11.2　新西兰奥克兰，被风吹斜的罗汉松

但是，主导风向未必只体现在树的倾斜上，还有其他一些不太明显的方面。例如，风可以阻碍树的生长，迎风侧的嫩芽会被破坏，而背风侧则枝繁叶茂。

即使在强风地区，椰子树通常也会向着风倾斜。在南太平洋的多年经历中，我观察了很多椰子树，它们全都向东南倾斜，那是当地盛行的信风风向。这种现象不仅发生在我的椰子种植园岛上，也发生在我到访的其他所有地方。和其他树一样，椰子树的背风侧枝

图 11.3　荷兰赞德福特附近的榆树，右侧为东南向，显示出背风侧生长更盛。

繁叶茂，而迎风侧的树冠则呈现出扁平的外观。

利用树辨识方向时，重要的是选择生长在空旷位置的树，它不要受到其他树或建筑物的干扰或庇护。而且，不要单凭一棵树的特征就下结论，要综合相似条件下多棵树的观察结果。特别注意，观察的树不能经由人工修剪，也不能因自然原因受到破坏。

风会阻碍树迎风侧的生长，但阳光却通常促进枝叶生长，对树的益处非常明显。在风向多变的地方，阳光对树生长的影响是惊人的，在树的南北两侧产生了显著差异。在北半球的大部分地区，太阳在树的南面完成从日出到日落的全过程，轨迹的正中间即为正南向，这也是某些树种枝叶最茂盛的方位。

在阳面枝繁叶茂的树种中，常见的有黑杨、白杨、橡树、梧桐、山毛榉、科西嘉松、七叶树、挪威枫、英国枫、臭椿、楿叶槭和北美刺槐。这些树在阳光强的一侧枝叶繁茂，如果这种形态并未受到风的影响，那么它们的树干通常朝着那个方向略微倾斜。尽管榆树受阳光的影响要比其他温带树种小，但它的树干有时也会如此。

在英国萨里地区，强风并不特别常见，我发现在空旷位置生长的橡树和山毛榉南侧的枝叶更繁茂。在弗吉尼亚州，橡树和长叶松在南侧的生长明显更旺盛。这些都是北温带阳光充足地区的典型树种。

在这些地方，很多树朝南的树枝更平一些，而朝北的树枝更垂直向上以获得更多的阳光。这为确定南北方向提供了一个好方法。

美国东部和欧洲的七叶树以及欧洲椴树，它们朝北的枝叶为了争取更多的阳光，顶端竞争非常明显。然而，这种情况在榆树上没有体现。在康涅狄格州，我发现往火车窗外一瞥就能很容易地从七叶树上确定方向。冬季，树叶凋零，很容易判断哪一侧树枝更大；夏季，有时则需要仔细观察两侧的枝叶才能知道。

与上面提到的树不同，即使各个方向光照不均，有些树仍然保持笔直生长，四周枝叶均匀分布，例如云杉、冷杉和金字塔杨树。乔柏也能保持笔直生长，除非长得非常高，那时它会朝向强光侧倾斜。

图 11.4　美国弗吉尼亚州海岸上的长叶松。右侧为南向，因为阳光充足而枝繁叶茂。风在此地区对树的生长方向没有影响。

到目前为止，我们只考虑了风和阳光对树的生长和形态的各自影响。对探路者来说，还必须观察它们的综合作用。这两种影响结合，有时会进而增强，有时会相互削弱。有些树受阳光的影响较大，而有些树受风的影响较大。

1955 年，我和妻子从法国南部经比由利时和荷兰悠闲地驾车旅行，目的是观察和拍摄树的方向特征。我们在英格兰和美国东部也有类似的行程。从地中海岸到荷兰一路蜿蜒，通过观察车窗外的树，我们随时能轻易地确定南北西东。

在法国南部的普罗旺斯，寒冷的密史脱拉风从西北呼啸而来。当地农民称之为“食泥者”，因为它异常干冷，让地面变得干燥。普罗旺斯的农舍（当地人称为 mas）背靠西北方向建造，这是密史脱拉风吹来的方向，在这一侧的墙上会留一个尽可能小的窗。房子的后面通常种有一排柏树，给房子和花园挡风。这些防风树的位置让人很容易辨识方向，因为它们总是按西南 – 东北方向排列。密史脱拉风对树的生长有显著影响，尽管它只在冬季间歇出现，一次也就持续 4~5 天。在空旷位置上，柏树的背风侧生长更凸出。尽管欧洲中部的树从早到晚都能从南面获取阳光，但风对它们生长的影响要比太阳大得多。树的东南侧枝叶繁茂，阳光只是部分原因，并不足以使其真正地朝南生长。

继续我们的行程。在阿维尼翁北部，继柏树之后我们观察到杨树也有相似特征。虽然离开了密史脱拉风主导的地区，但在法国中北部、比利时和荷兰，树的特征仍然显示出主导风向为西北向。在这些地方，几乎任何一棵孤立生长的树，无论树种，即使没有随风向倾斜，迎风侧也会生长迟缓。树林的轮廓呈现出平滑的圆形边，圆形边朝向盛行的西北风；背风侧的轮廓则参差不齐。这种方向性特征非常显眼，数英里之外就能看到。

总而言之，必须充分考虑风和阳光对树的各自影响，还有它们的综合作用，由此获得的信息可以用于寻路。

在风向恒定的地方，只有在芦苇秆的背风侧，芦苇花羽才会形成一个薄的楔形。这种现象不仅在欧洲有，在世界上其他许多地方

图 11.5　芦苇的花羽在主导风的背风侧生长

也有，包括我在斐济群岛的家附近，那里的主导风是东南信风。

男孩们的书里经常会提到，北半球的苔藓生长在树的北面。如果就此忽视其他因素，那么这个结论相当危险。苔藓和地衣长在那里未必就是因为树荫，更重要的是那里的水分保存时间更长。湿度是更重要的因素，与此有关的是当地的风带着雨水从哪里吹来、最大的阴面在哪个方向。结合这两者，应该就能确定水分在哪里保存得最久，以及苔藓会长在哪里。一般地，在北美，树和岩石的北面和东北面蒸发量较小；在法国的塞纳河和勃艮第地区，苔藓和地衣通常在树和岩石的西北面生长；在瑞士的侏罗地区，它们又通常长在树和岩石的西南面。每个地区气候各异，应当判断所在地哪个方向上水分保存时间最长，只有这样，苔藓和地衣才是有价值的方向标识物。

如果是长期暴露的树或岩石上的苔藓和地衣，那就更有价值了。有趣的是，当苔藓在较强的阳光下生长时，会呈现深褐色调；当生长在较阴凉处时，会呈现绿色或灰绿色。

如果坚持观察每个物种的习性，那么依附于树干或树枝生长的其他植物也有助于辨识方向。这些植物被称为附生植物，每个附生植物对光照、阴凉和湿度都有独特的偏好。

北美印第安人设法利用一切标识在森林中找路。传教士约瑟夫·拉斐陶在易洛魁部落和土著一起待了五年，他在 1724 年这样写道：

> 在丛林里，在美洲大草原上，在熟稔的河流上，土著非常留意他们的“星罗盘”（北极星）。但是，当看不到太阳或星星时，森林中的树就是土著天然的“指南针”，他们能根据可靠的标识找到方向。
>
> 第一个标识是树梢，它们总是向南倾斜，被太阳吸引。第二个是树皮，北侧的树皮颜色更暗淡。如果他们要进一步确认方向，就只能拿斧头砍树了：树干上的年轮，北侧较稀，南侧较密。

但拉斐陶所说的树梢朝南并不完全准确。事实上，北美某些树的树梢向东南倾斜，例如松树和铁杉。

图 11.6　树的年轮

四百多年前，列奥纳多·达·芬奇在意大利就描述了印第安人熟知的树木年轮法。在北美和欧洲，新近的观测结果证实了达·芬奇的说法，如树木的年轮所示，树的中心更靠北，老树的树皮通常是北侧和东北侧的更厚。

多年前，在纽约州森林委员会对阿迪朗达克山 700 棵黑云杉的观测中，94% 的树其树干在北侧和东侧生长更盛，只有 6% 的树反之。

由于对特定环境的偏好，植物能帮助我们找到方向。有些物种在阳光充足的地方繁茂，有些则生性喜阴；有些喜欢潮湿的环境，有些则需要在干旱地区生存。许多类型的植物有耐风性，例如那些叶片小、随风旋转的植物；而大叶片的植物则需要长在避风处。

因此我们发现，在北半球寒带和温带的许多地方，落叶树生长在温暖的朝南的山坡，而常绿的松树等针叶树则长在朝北的山坡。

在落基山，柔韧松几乎总是长在朝南的山坡，而恩格曼云杉则长在朝北的山坡。看到它们中的任何一个，就能非常确定所处位置的方向。

在南非草原东部，朝北的坡地暴露在强烈的阳光和热风中，这有利于耐旱植物的生长，例如荆棘、有着乳白色汁液的植物以及芦荟。然而，得到庇护的朝南的坡地上发育有草原，这得益于自西南和东南向之间吹来的带着雨水的风。在南非德拉肯堡山和斯托姆博格山更高的山脊上，这也使得森林通常生长在朝向这些风的那一侧。

再举一个例子，在新西兰的班克斯半岛和南阿尔卑斯山，树和灌木总是生长在南坡，迎向带着雨水的风，同时也避开了强光；而北坡一般都是光秃秃的。

图11.7a　法国普罗旺斯的柏树和农场建筑物。注意，大柏树的东南侧（密史脱拉风的背风侧）更凸出。有意思的是，有了大柏树的庇护，小柏树形状匀称。建筑物两侧的另两棵树树叶稀少，显示出西北向主导风对树生长的阻碍效果。建筑物的门开在背风的东南侧，这在普罗旺斯很典型。这些信息组合在一起为旅行者提供了有力的方向标识。

图 11.7b　在密史脱拉风主导的地区，柏树背风的东南侧生长更盛。

图 11.8a　荷兰海姆斯泰德的杨树。树右侧（西北侧）的生长受到西北向主导风的阻碍。

图 11.8b　荷兰海姆斯泰德附近的山毛榉和桦树。左侧几棵山毛榉的圆形树冠朝向西北，这是由于西北向主导风的阻碍作用。还要注意，那棵高大的桦树东南侧生长更盛。

在欧洲中、南部的丘陵地区，葡萄园通常位于南坡，因为葡萄树需要尽可能多的光照和热量。在欧洲的农场和花园中，桃、油桃、桑葚、葡萄和其他喜光植物都生长在墙的南侧。

世界上的许多植物都能指引方向，这是因为它们需要光照或者需要躲避正午的强光和高温。

例如，在欧洲、非洲以及亚洲温带地区，通常可见多种野莴苣，开着紫色或黄色的花。它们的叶片直立，呈南北向，这样能获得上、下午的阳光，又避开中午的炙热。这种植物的叶子在南北两侧几乎一样，然而其他大多数植物的叶子南北有异，南侧的叶子上有更多的呼吸孢子或气孔，以此抵御过多的阳光。

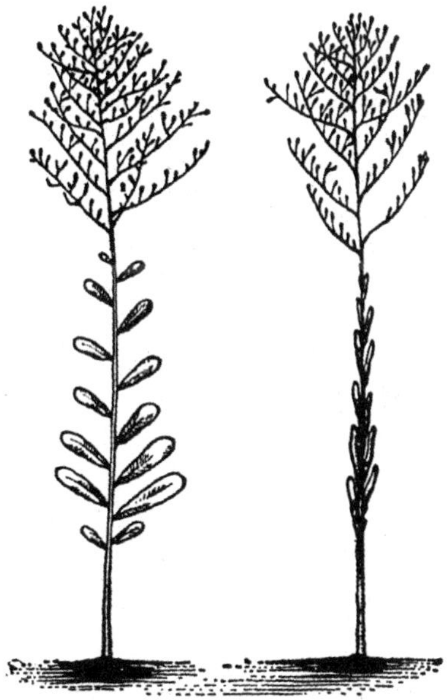

图 11.9　罗盘草有类似指南针的特征，叶子沿南北向生长。左为从东侧看过去，右为从南侧看过去。

大约 1863 年，开黄色花、多刺的野莴苣被引入美国，现在几乎遍及全美，它在标识方向上也有相似特征。一些窄叶的本土莴苣的叶子也会按南北向排列，尤其是萝蔓莴苣和鹿舌莴苣。

在美国，如果罗盘草不是长在阴凉处，它的叶子会保持在南北方向上。罗盘草高 3~6 英尺，从俄亥俄州到落基山、从明尼苏达州到得克萨斯州，到处都有其身影。这种草的方向标识特征为早期探路者熟知，被视作“草原上的植物指南针”。朗费罗在《伊万杰琳》中这样写道：

> 看看这种充满活力的植物从草地上抬起头，
> 看看它的叶子如何像磁铁般准确指向北方。
> 这就是罗盘草，是上帝种在这荒野，
> 为无迹可循的浩渺沙海中的旅人指明方向。

这种草已经引入欧洲，在那里通常是人工培植。

还有一种名叫“草原码头”的同属植物也有相同特征，然而，它只有在还是幼小植株时才能指示南北方向。这种植物广泛分布在美国南部，在西南部的沙漠中常与仙人掌长在一起。

在南非，一种名叫“北极”或“半人”的棒锤树属植物能神奇地为迷路的旅行者指明方向。数百棵这种植物的“脑袋”全都指向北方，这样的奇观让旅行者能轻松找到路。之所以在南非荷兰语中被称为“半人”，是因为从远处看，这种植物就像纤细的、半个身子埋在地下的人。它的冠部总是指向北方，特别是高的植株，冠部的叶子与水平方向成30°角。这种植物生长在纳马夸兰的奥兰治河下游两岸的山区，高18英寸，可存活25年。一年中的10或11个月中，它神奇的茎干上不长叶子，干旱时，有时可能几年都没有叶子，看起来像岩石坡上石化的哨兵。当雨季来临，灰绿色的毛毡状叶子覆盖了每个植株的顶部。它在七八月开花，花大而艳丽，花托呈淡黄色，花蕊呈深栗色。

不要将这种植物与南非的一种大戟属植物混淆，后者也有“北极”之称，据说茎尖也朝北弯曲。

在美洲北部和中部，巨型桶状仙人掌类似地受正午太阳方向的影响，始终向南倾斜。在沙漠地区，这种植物除了能提供水源，也是最有价值的方向标识物。

在北温带，植物花朵有明显的朝东或朝南的倾向。这不仅对探路者有用，对打算更好地规划花园的人来说也很重要。

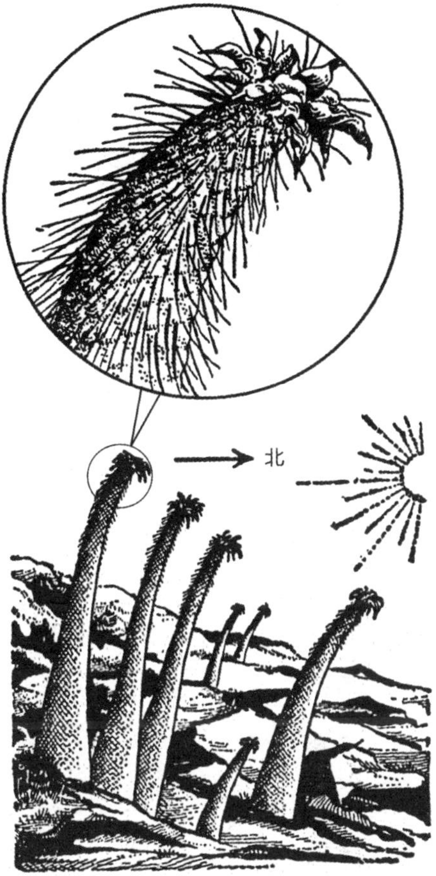

图 11.10　南非的“北极”。所有植株的顶端始终偏向北，尽可能获取正午的阳光。

在北半球中纬度地区，类似这样的植物还有堇菜、三色堇、水仙、一些百合以及沙斯塔雏菊。它们的方向性在阳光充足的地方会更明显。

还有很多植物的花会朝向阳光，尤其是在光线有所遮挡时，例如郁金香、夹竹桃、须苞石竹、风铃草及矾根属植物。

有些花一天之中都在追逐阳光，而其他花在一夜过后只受到清晨阳光的影响，到中午就躲避阳光了。多榔菊春季开花，遍布欧洲和北美，是一个真正的太阳追随者，从日出到日落，它的花一直向着太阳，但是会滞后 40 分钟（大约 10°）。

与普遍的观点相反，常见的园林向日葵并不总是朝向太阳，只在相当高纬度地区才会这样，因为那里太阳高度角低，光线不像低纬度地区那样强烈。在纽约附近，有人竟发现这种植物的花 95% 是朝东的。

植物生态学研究表明，有许多因素决定了植物会生长在特定的地方。这些因素包括土壤的化学成分、温度、水分、日照时间和强度，以及风。

一个鲜为人知的事实是，根据植物体的化学成分能推断出它所生长的土壤里的矿物成分。这对探矿非常有用，芬兰科学家卡乐沃·兰卡马称之为“地矿探测仪”。通常的做法是焚烧植物，分析灰烬的化学成分。事实上，芬兰的地球化学家就通过研究桦树叶子的灰烬找到了丰富的铜镍矿藏。

在美国，地质调查局的科学家海伦·坎农通过分析沙漠地区深根树的灰烬，找到了几个重要的铀矿床。以前用盖革计数器和点钻法进行勘探时，常会错过了矿藏。

利用这种方法，人们成功完成了对锌矿的勘探。例如，有一种三色堇表现出特别的亲锌性，在中欧很多锌矿废料场都能见到它，含有至多几个百分点的锌氧化物。能指示锌的还有菥蓂属植物，有的生长在德国和瑞典的富锌地区，据说其灰烬里含有至多 16% 的锌。

密苏里州有一种名叫“铅木”的紫穗槐，这种灌木高 2~4 英尺，开蓝色的花，生长在蕴藏有银和铅的地方。

由于近年来对稀有矿物兴趣的提升，这种勘探方法受到了特别关注，但事实上，它早在多年前就被人们所熟悉。有报道说，1897 年在澳大利亚北部发现了一种约六英寸高、开着大花朵的白鼓丁属植物，含有大量的铜，这其实就是铜矿的指示性标识。

在挪威，有一种神奇的高山捕蝇草，高不到一英尺，开粉红色花，生长在富铜土壤中。在挪威勒罗斯的铜矿床中，几乎没有其他植物可以存活。

甚至还有指示黄金的植物，其中两种是俗称“马尾”的问荆和犬问荆，两者每吨含有至多 4.5 盎司黄金。

有四种黄芪属植物被认为是铀的最佳指标植物。还有两个指示铀的植物：一种名为“沙漠王羽”的十字花科植物和一种紫菀属植物。

第 12 章
蚁丘

所有昆虫都是冷血动物，对温度变化非常敏感，尤其是社会分工明确的昆虫，比如蚂蚁或白蚁（但两者大不相同）。这两种昆虫都会建造蚁丘容纳蚁群，许多蚁丘或多或少都朝向太阳。生活在寒带或寒冬地区的蚂蚁通过筑穴保暖；热带蚂蚁则通过筑穴避暑。有时，这些巢穴在外观和排列上的导航作用可与指南针媲美。事实上，蚁丘本身就是自然标识物。

在北半球寒冬地区，无论东、西方，有些蚂蚁在朝向东南的山坡上建造蚁丘，因为那是冬季太阳升起的方向。冬季长夜漫漫，低温让蚂蚁变得麻木，清晨的阳光来得越早，蚂蚁的一天也就越长。这就是为什么它们会在东南向建造蚁丘，或者偏好于在蚁丘南侧或东侧生息的原因（选择南或东侧取决于哪里获得的热量最多）。当蚁丘靠近树或树桩时，通常也会建在温暖的一侧，在北半球也就是南侧或东南侧。

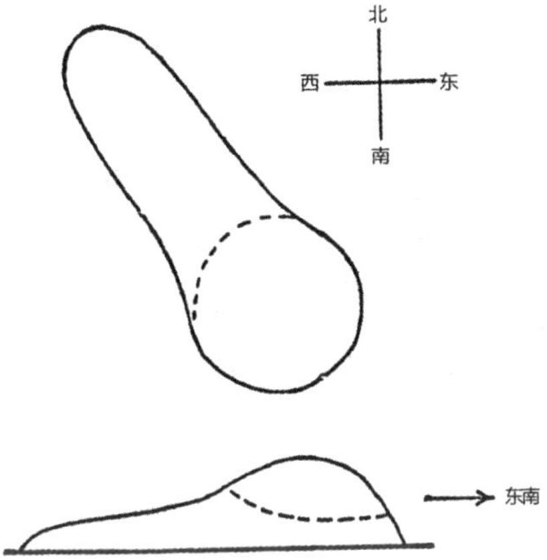

图 12.1　“指南针”蚁丘示意图

最典型的方向标识或许当数中欧黄毛蚁。这种蚂蚁在瑞士阿尔卑斯山和侏罗山的牧场尤为常见，它们通常在东南坡上筑穴。当蚁穴建在开阔地面时，会非常准确地朝向东南，以至于这里的乡下人在雾中或远离居所的地方迷路时，通常靠蚁穴确定方向。瑞士人给这些蚁丘标识物起名为 teumons。

这些指南针似的蚁丘东南侧很陡，以获得最大的热量。蚂蚁就生息在这个区域，不断地添土筑穴。于是，蚁丘西北向渐渐出现斜坡，实际上那些是废弃的巢穴，是之前世代的“家园”。

除此以外，黄毛蚁的蚁丘还有不少特征。在蚁丘东南向，土壤通常是松散的沙质物，植被稀疏，主要是麝香草和灰绿色草类。而在蚁丘西北向，土壤被压成了腐殖质，往往被生长缓慢但植株密集的鳞茎植物覆盖，这些植物最终会布满这部分蚁丘。大型黄毛蚁丘长 6~7 英尺，宽 2.5 英尺，高约 15 英寸。在开阔地面，蚁丘呈典型的椭圆形；当蚁丘被岩石或树环绕时，通常呈圆形，因为这时蚂蚁能从蚁丘上方的阳光获得最大热量，蚁丘无须再朝太阳升起的方向延伸。然而在这样的情况下，蚁丘仍可用于确定方向，因为蚂蚁还是倾向于在巢穴的东南侧生息。

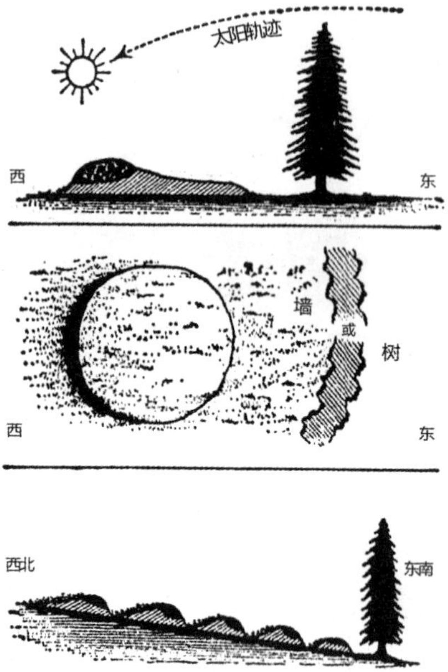

图 12.2 蚁丘的三种非典型增长模式

但是也有例外，蚂蚁也可能生息在巢穴的西北侧，那就是当蚁丘靠近树或岩石时，蚁丘的东南向被完全遮挡住了。

还有一种欧洲黑毛蚁用松针筑穴。这些巢穴不具有黄毛蚁丘的椭圆形，但其“居民”总倾向于生活在蚁丘的东侧，这对细心的旅行者很有价值。

在美国西部，我们可以找到另两个蚁丘定向的例子。西部收获蚁也被称为草原筑墩蚁，其蚁丘的唯一入口建在底部东南侧。科罗拉多州一种名为“银蚁”的蚂蚁巢穴也类似这样，它们分布在那里的低山地区。

在沙漠地区，蚂蚁寻找凉爽处筑穴。某些蚂蚁，比如撒哈拉的一种收获蚁，以类似火山口的形式建造蚁丘，高的一侧迎着强风。这给了自然导航者一个可靠的标识物，如果他已知盛行风向的话（希望本书能帮助他找到）。

白蚁

白蚁是一种社会性昆虫，与蚂蚁分属不同的目。该目的热带分布比蚂蚁更特殊，大多数“指南针”白蚁能建造和定向巢穴以躲避正午过热的阳光。

图 12.3　澳大利亚北部的南北向白蚁丘。上为从东面看，下为从北面看。

在澳大利亚北部广阔的热带沙漠能找到一些最有趣的白蚁丘，它们属于著名的磁石白蚁。这些引人注目的蚁丘被称为“磁性蚁丘”，有的高达 12 英尺，几乎没有低于三英尺的。所有这些蚁丘几乎都在南北方向上，东西两侧呈陡而扁平状，平均长度是宽度的 4~5 倍。蚁丘顶上呈尖锐的锯齿状。

磁性蚁丘（如果忽略白蚁不是蚂蚁而使用惯常表达方式）笔直的南北向形状当

归因技术需要。这些蚁丘由泥浆构成，白蚁只能在非常潮湿的条件下建造它们，但为了安全，蚁丘必须尽快干燥。如果蚁丘建在南北向，上午的太阳可以晒干东面，下午的太阳晒干西面，这样白天里没有哪个部分会长时间留在阴影中。

这种南北向形状的蚁丘还有一个优点，白蚁能快速地从蚁丘的一侧移动到另一侧，在白天获得最舒适的温度。白蚁不仅不能承受正午的炎热，也不能承受上、下午的阳光直射。冬季，白蚁反方向移动到东侧获得早晨的温暖，下午再移至西侧。

这些磁性蚁丘也是旅行者在广袤的澳大利亚北部最重要的方向标识之一，让人很容易找到路。第二次世界大战期间，我曾担任澳大利亚和新几内亚盟军空军的运输官，多次飞越澳大利亚昆士兰州和北领地，经常看到"军事化"排列的磁性蚁丘。从空中看，密密麻麻，场面蔚为壮观，且方向极为一致，令人不可思议。在靠近机场的达尔文和凯瑟琳，我仔细观察了地面上的白蚁丘。在这个地表平坦的国家，白蚁创造的这种鲜活标识物，没有旅行者会忘记，也没人不会使用。

与澳大利亚北部一样，在西南非洲的喀拉哈里沙漠边缘，农民和旅行者也使用白蚁丘来找路。正如 S.H. 斯凯福告诉我的那样，那里的白蚁丘高达 10~15 英尺，顶端向北倾斜。

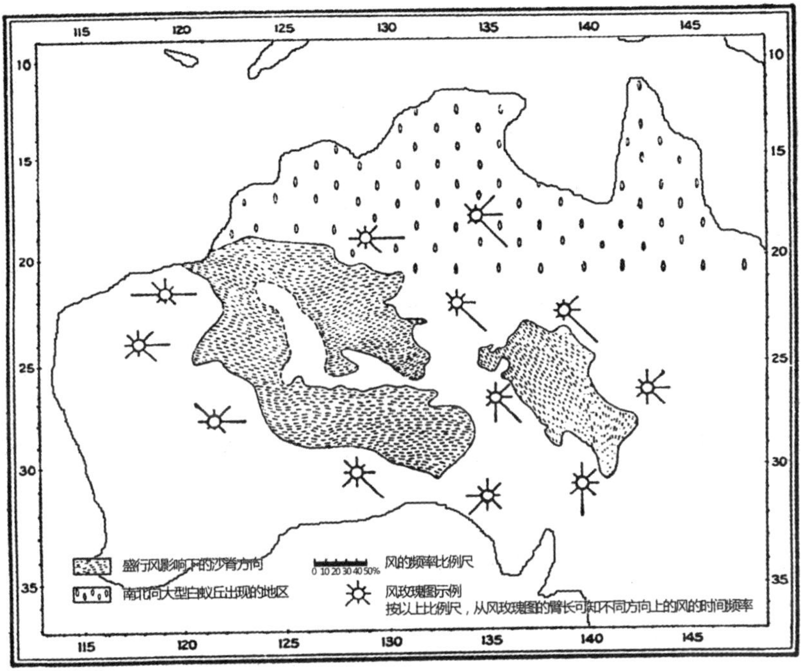

图 12.4　澳洲部分方向特征。这张图显示，利用自然标识物找方向很简单，例如盛行风影响下的沙丘方向、北部地区的南北向白蚁丘等。

第 13 章
在沙漠找路

不得不在沙漠中找路的人知道，世界各地的沙漠游牧民非常熟悉沙漠环境，在困难条件下找到路近乎是他们的本能。通过观察，沙漠探险者也必须变得如土著般娴熟。对沙漠土著来说，导航是生存之本，他们自小就知此乃生死攸关。

当然，沙漠游牧民对地形的记忆力格外出众，每一个地标都被刻画在大脑里，并在旅程中被纷纷唤醒。他们彼此的交谈内容非常广泛，但最多的是关于地标和旅行信息，每次部落聚会都会谈论出行、泉水的状况、牧场饲料的可用量等。他们会特别留意彼此的痕迹，能超级准确地判断出有多少骆驼和马经过，以及过去了多长时间。在撒哈拉广阔的砾石地表上，即使旅队和骆驼的痕迹（被称为 medjbed）也会消失。但是，世代游牧民会利用堆石来标记水源之间的路线；金字塔形的堆石被称为 amer 或 redjem，通常置于高处，以便从远处就能看到。

本章仅限于世界上沙漠或有沙地区特有的导航方法。沙漠旅行者须记住，这些特殊技巧应与本书描述的其他一般技巧结合使用，这些一般技巧当然也能用在沙漠中。

即便忽略南、北两极，世界上有大约 1/6 的陆地是沙漠。所有大陆都有沙漠或半干旱沙地。在北非，撒哈拉沙漠是世界上最大、最著名的沙漠，覆盖了 300 万平方英里的平原、山岭、高地和荒漠。撒哈拉仅有 10% 是有沙地区，其余部分如今属于砾石地表，沙子早已被吹走，在凹陷处堆积，多数沙丘就出现在那里。撒哈拉砾石地表上的痕迹可以存在很多年。南非的喀拉哈里是又一个大沙漠。此外，从阿拉伯沙漠到叙利亚，经波斯地界到俾路支，或北上到中亚，都属干旱地区。在中、东亚，有鄂尔多斯沙漠和大戈壁，这个茶托式的高原位于中国北部和蒙古，四周被山地环绕，盆地里是广阔平原，有零星山丘。南美洲也有大沙漠，澳大利亚有中央沙漠，北美洲的大盆地——美国西南部的沙漠地区非常平坦，有稀少的仙人掌等植被，兀然抬升的山地会让人联想到戈壁和撒哈拉。

沙漠导航的两个特别关键点是沙子和动物的活动。

在沙漠地区，人类聚居地非常渺小。除绿洲外，其他地方从未有过耕种。广阔的沙漠中到处是风蚀的痕迹。和海上一样，每个沙漠都有盛行风。无论平静时还是临时生变时，这些盛行风都会给沙漠带来永不磨灭的痕迹，成为那里的主要景观。临时方向上的非主导风吹过沙漠也会留下痕迹，但通常是波纹状的，相比于主导风的影响力微不足道。

沙漠主导风的方向非常稳定；由于大部分沙漠位于高原，因此这些主导风不像在多山地区那样受地形影响。沙漠旅行者首先要了解盛行风向及其移动沙子的主要方式。

在沙漠中，沙子主要由坚硬的矿物颗粒组成，这些颗粒小到足以被风吹动，但并不能像灰尘那样长时间、长距离在空中扩散。沙子并非被胡乱吹动，会按一定的特征进行堆积。每个沙丘都有其形成历史和内部结构，并非只是无序的沙子。沙丘可以分为三种主要类型，下面展开说明。

当沙子被风吹动时，会落在背风侧，逐渐填满地表的凹陷处。当沙漠中的岩石或其他障碍物被外力抬升后，吹来的沙子会堆积在它们的背风面，最终成流线型。这些沙堆的顶部和长轴都在盛行风向上。在岩石或灌木丛等障碍物的迎风面，陡峭的沙坝会堆积起来。而在背风面，沙坝的坡度更缓，成流线型沙丘。

沙漠中的三种主要沙丘分别是纵向沙丘、赛夫沙丘和新月形沙丘。其中最常见的是纵向沙丘，它是一种等高的沙坝，与主导风向平行。在热带沙漠，纵向沙丘的数量非常多。在撒哈拉沙漠的阿特拉斯地区，那里的西部沙漠和东部沙漠都由无数的纵向沙丘构成，其走向是西北 – 东南或北北西 – 南南东。在撒哈拉沙漠中部，沙丘的走向变成了南向，而在苏丹的东撒哈拉沙漠，走向是西南向，甚至是西南西方向。在利比亚，也就是撒哈拉沙漠的东北部，沙丘轴线的走向是北北西。也就是说，这些地方的沙丘都在盛行风向上。

鄂尔多斯沙漠也是如此，沙丘走向为西北 – 东南，与风向平行。有些沙丘光秃秃的，因为这里的沙子格外松散，而其他地方则有植被固定，看起来像覆盖着草丛或灌木的小山丘。

在澳大利亚，内陆沙漠的沙丘通常向西北伸展，而西部沙漠的北部和南部边缘的沙丘则更偏西，这再度反映了这一地区的恒定风向。这些沙丘很低（平均约 40 英尺高，至多 100 英尺），笔直而平行，彼此相隔约 1/4 英里，延绵数百英里。

不像纵向沙丘那样两侧几乎相同，单个赛夫沙丘非常类似于岩石后面的沙堆。它的轴线在盛行风向上，但其长长的顶部和纵向沙丘不同，呈尖锐状，一侧比另一侧陡峭得多。实际上，赛夫沙丘的一端通常表现为凸圆形斜面，而另一端则呈凹形斜面甚至直立面，突兀得像是坍塌了一样。沙丘前切面与主导风向成直角，但在风向出现偏离时，也可能暂时变化。单个的赛夫沙丘很少见，多以连贯的沙丘链形式出现，每个沙丘顶部相距 60~600 英尺。通常，几个赛夫沙丘链彼此平行，与周围物体相距 400 码到 5 英里不等（因地而异，但同一地区非常统一）。

新月形沙丘形似马蹄铁。凹面的斜坡比外侧更陡峭，处于下风向。在秘鲁的沙漠中，新月形沙丘被称为 Medanos，是这种沙丘最典型的形态，在其他沙漠可能出现纵向沙丘的地方，这里却是队列并不连续且参差不齐的小型新月形沙堆。马蹄状凹面的斜坡是背风面，与水平线的最大夹角约为 33°。如果角度更大，沙子就会滑落，因为这时重力大于摩擦力。新月形沙丘的迎风面的最小坡度只有 5° 或 6°，沙丘两侧的角度通常是 10°~13°。

这种沙丘地形并非只出现在世界现存的沙漠中。许多温带地区过去曾是干旱区，后来因植被和耕种而发生变化，这些地方至今仍保留着沙丘地形的“化石形态”，甚至与盛行风向一致，这也附带说明了地形的变化比风更大。例如，德国、波兰、匈牙利和加斯科涅旷野上的古沙丘呈东西走向，而瑞典的古沙丘与来自斯堪的纳维亚高山的焚风的风向一致，为西偏南。

图 13.1　上为雪地上的新月形丘；下为沙漠中的新月形沙丘

沙漠中的动物向导

有纯粹论者认为沙漠中的生存问题与找路无关。然而事实并非如此，两者紧密关联。当然，许多国家的军队对沙漠生存进行了详细研究，有大量书籍涉及此类问题。对沙漠旅行者来说，与导航有关的最重要的生存技能之一是如何找到水源。泉水不一定在沙漠旅行者的预定路线上，但懂得判断方向对找到水源很有帮助。沙漠水源的最佳标识是动物。有些人就在水源附近偏却找不到，白白浪费了时间，真应该了解下鸟和其他动物是如何找水的。

世界上有289种鸽和鸠，即使在沙漠中也能发现它们的身影（除了南、北极冰原）。鸽形目的鸟很容易通过形态来识别。这一目几乎所有物种都有在沙漠水源附近的树或灌木丛栖息的习性，特别是到了晚上。通常，沙漠鸽一天饮水一到两次，偶尔在黎明，大部分是在傍晚，但从不在炎热的白天。因此，晚上观察它们的飞行方向对寻找水源非常重要。经验丰富的观察者甚至能分辨出夜晚的鸽子是要去喝水还是喝完了水在返巢，因为喝饱水的鸽子明显飞得更沉重，伴随着更大地拍打翅膀声。

在 H.A. 林赛的《丛林人手册》中，有一个关于沙漠鸽的传奇故事。

一群勘测者被困在澳大利亚北领地的沙漠中，水也喝光了。大卫·林赛带着最强壮的骆驼去找水，但没能找到。夜幕降临，在返回营地的路上，他看到一只岩鸠独自从前面的峡谷飞过。他沿着岩鸠的飞行路线爬上一座小山，然后，在一个没人能想到的地方找到了数千加仑水（1 加仑约为 3.7 升）。

如果没有这只小鸟，整个队伍可能就困死沙漠了。

不单是鸽和鸠，世界上每个沙漠都有独特甚至奇异的鸟。澳大利亚的沙漠里有一种斑点雀，当地人称钻石麻雀，会大规模聚集在泉水附近。在戈壁中，最佳的水源指示动物有鹡鸰、百灵和其他沙色羽毛的小鸟。澳大利亚的沙漠有风头鹦鹉，其他沙漠也有各种鹦鹉。几乎所有沙漠都有鹌鹑。当雁在沙漠中迁徙（它们经常那样），这可以被视作水源地标识，特别是在它们低飞时，因为它们会沿着河、水塘群落或孤立的湖泊飞行。

据说，在穿越阿拉伯的途中，所罗门王曾派出一只寻找水源的鸻，之后在希贾兹和也门之间的群山中发现了示巴女王巴尔基斯的撤退路线。

无论如何，鸟并非沙漠水源的唯一标识。瞪羚和其他沙漠羚羊喜欢聚集在泉水附近，尤其在晚上。蜜蜂和黄蜂会飞往水源饮水，这也是极佳的标识。当然，单靠哺乳动物和人类在沙漠上的足迹未必一定能找到水，但是当不同动物的足迹交会在一起时，那就很可能指向水源地。

然而，并非所有动物在夜晚的饮水时间段出现都能表明水源地的存在或方向，许多动物可以几天几夜不进水。如果在澳大利亚的沙漠中看到一只鸸鹋或红色袋鼠、灰色袋鼠，也可能距离水源地尚有 20~50 英里。

第 14 章

在极地找路

世界上永久性或近乎永久性的冰雪地带绝不仅限于极地。本章的方法也适用于冬季的阿拉斯加、格陵兰岛、加拿大北部、苏联、北斯堪的纳维亚以及芬兰。

北极地区只是一块巨大的浮冰，并无陆地，而南极地区实际上是一个面积广阔的大陆。过去几年，南极引起了世人极大的关注，不仅因为有关的主权争议，还涉及这里的稀有矿藏。在我看来，未来 50 年内，这块土地将是冒险家的乐园。除去海洋，南极也是地球上最后的未知区域。

前面已经讨论过冰雪地区的找路方法，其中包括分析天空中的反射（第 62 页），搭建反向追踪地标（第 45 页），利用盛行风向（第 74 页），观察风蚀的岩石、高处云的移动、太阳和影子的方向，以及通过目测同伴（人或狗）来调整方向。

在冰雪地区寻路的特殊之处在于研究雪的风成形态特征。在所有关于伟大的极地探险家如斯科特、亚蒙森、南森、沙克尔顿、莫森和伯德的描述中，他们在寻路时都非常留意雪的形态。无数人反复阅读着他们史诗般的故事，充满了悬念和自我牺牲精神。现在，极地旅行正慢慢复苏。但探险者使用的是先驱们所没有的现代技术，尽管也梦想成为像先驱那样的人。我希望当代探险者能如前辈一样，充分享受极端条件下的种种刺激和戏剧性，对成功和失败泰然处之。

我确信他们会像前辈那样，也在导航时观察和利用雪脊线、雪丘、雪地上的风成波纹以及海上浮冰的分布等情况。

极地与热带沙漠有很多共通之处。一方面，极地就是寒冷的沙漠；另一方面，冰晶的物理表现和沙子也很类似。冰晶的体积通常比大多数沙粒小，但风能以同样的方式对其进行排列，然后在雪地上形成雪丘，就像在热带沙漠中形成沙丘一样。还有，这些雪丘具有与沙丘非常类似的形状和性质，但一般来说更小、更不稳定。像沙丘一样，雪丘也反映了主导风或盛行风的方向。因此，对南、北极的旅行者来说，当云遮挡了太阳或者夜晚看不到星星时，雪丘能起到很大的帮助。

最常见的雪丘与沙漠中的纵向沙丘相似。在广阔的雪域上，盛行风吹动雪花，堆积起硬化的脊线，约几英寸到三四英尺高，与风向平行。雪脊线一词源自俄语 Zastrugi，意思是“雪地上的浪”。雪丘的体积比纵向沙丘小，但排列更紧密；两者的形成方式一致。

许多极地探险家发现，因天气条件导致其他方法不能准确辨向时，雪脊线会非常有用，因此，雪脊线也经常出现在他们的探险日志中。例如，道格拉斯·莫森在《暴风雪的故乡》中这样写道：

当我们越接近磁极，指南针就越不管用；直线行进是一项艰巨的任务。唯一的导航方式是利用古老雪脊线的方向，它们沿直线南北向延伸。但新的积雪会覆盖雪脊，为了看清楚必须时常停下来。

理查德·E. 伯德在《小美国》一书中也谈到雪脊线的方向价值。书中讲述了他在南极大陆美国基地内外的见闻，这一基地在国际地球物理年被重启。伯德这样写道：

我们不得不斜穿那些崎岖的雪脊，它们束缚了指南针的作用，因此行进变得很难。（这个地区的）雪脊线总是在东南东－西北西方向上。在历经大分界岭雪脊上枯燥的三周行程之后，终于迎来了一个让人兴奋的下午。

同样地，欧内斯特·沙克尔顿爵士在《南极之心》中也提到常利用雪脊导航。在他的极地行程中，经常几天看不到太阳；但是，当低云遮挡了太阳甚至周围的标识物时，他总能通过把雪橇与雪脊线方向置于一个固定的角度来保持前进。

如同有类似纵向沙丘的雪丘，有时也会形成或者说堆积出新月形雪丘。新月形雪丘不仅比新月形沙丘小，而且侧面也没那么陡峭。和新月形沙丘一样，新月形雪丘的凹面也位于下风向。

风会在雪地上留下波纹，如同在沙漠中那样。这些波纹非常细小，不超过几英寸高。它们在指示盛行风向上没有意义，因为任何局部的风都能快速产生波纹。这些暂时的雪波纹与风向成直角，就像水波一样。它们与雪脊和新月形雪丘非常不同，用处很小，因为后两者的走向与主导风向一致，且是永久性的。

这里再次引用道格拉斯·莫森的文章，他的观察和记录总是最巧妙地结合了各种自然导航方法。在他的书中，我们常会读到他运用一种方法检验另一种方法。举例如下：

> 11 月 24 日，星期日，上午 11 点。我们在时速 50 英里的风中朝东南方向前进。光线很差，行进只能靠雪脊线和风向，但是，我们也通过短暂出现的阳光来确认路线。午餐营地距离补给站五英里，我们在那里留下了一个雪堆，其上放有黑布。几乎每次扎营时，搭帐篷铲起来的雪都会堆成一个雪堆，这可以作为反向标识物检查行进的路线。补给站以南四英里处和以北五英里处各有一个这样的雪堆。虽然尚未达到我的预期，但在这种情况下没法做得更好了。此外，那天的某些时段，在谷地中看到了一种非常独特的雪坡，在东北方向约五英里处，和我们行进路线的位置也相对固定。

利用浮冰导航

在极地海洋中，当表层水的温度低于零度，真正的浮冰会不断形成。在开阔海域，浮冰呈圆形、扁平状，多为小的碎片，偶有大块冰。

冰山的形成方式则完全不同：它们是冰川流入大海的碎片。冰山的外观粗糙而不规则，不同角度的海浪侵蚀痕迹差异很大，因为当它们融化或破裂时，重心会周期性地移动，整个冰山的位置随之改变。一个没有海浪侵蚀痕迹的冰山不可能漂移太远。但是，冰山和大块浮冰在导航中都没有多大作用，因为它们的位置和海流有关，相对来说不受风的影响。在利用冰山定位之前，必须对当地主导海流和主导风有大量了解。但是，通过特殊的海湾冰，往往能得出更有用的结论。

低矮、扁平的海湾冰看起来像拼图游戏，如果相互不是靠得太近，不会离冰冻的海湾太远，那里的潮汐和其他外力使之碎裂。拥有新生边缘的海湾冰不会远离海湾；如果海湾冰被风或海流长距离传送，会分散开来，碎裂的冰块呈圆形或有凸面。新生的海湾冰能指示离海湾不远了，而历久的海湾冰通常是盛行风和海流的方向指标。

虽然这种导航方法并不是特别严谨，但关于浮冰还有一点值得极地航海者注意。即使真正的浮冰是由海水冻结而成，形成时含有一定比例的盐分，但这些盐分很快就会析出。因此，寻找淡水的旅行者只需从旧的大块浮冰的上部分切下冰块，待其融化就能得到淡水。

第 15 章
利用山川找方向

山地旅行者只需观察地图就会发现，多数山脉的走向有规律可循，源自山地的河流走向也有规律。不仅山脉本身是永久的自然标识物，依山而下的河流通常也有方向性。只有在平原上，河流才会格外蜿蜒曲折。迷路的旅行者只需沿着河流就能定位或到达人类聚居地，这是一种和“旅行”一样古老的导航方法。

以澳大利亚新南威尔士州北部沿海地区为例，那里的海岸山脉向北纵贯整个昆士兰州。这条山脉是一个巨大的分水岭。海岸一侧的雨水汇成河东流入海，而西侧山坡上的河流朝西向内陆流淌。当这个海岸山脉延伸至昆士兰州北部时，西侧的河流注入了卡奔塔利亚湾，而东侧河流注入了珊瑚海。

在世界各地，山脊和山谷或多或少平行排列。例如，从新罕布什尔州到缅因州和加拿大东部沿海省份，可以看到一组连续的低矮山脊，当地人称之为“马背”。它们向北偏东方向蜿蜒，几乎与阿巴拉契亚山脉平行。

这些“马背”按一定规律出现，如同水面的涟漪。它们的相对高度不超过 50 英尺，平均为 15~30 英尺，南坡缓而北坡陡。

这样的方向特征在地表上很常见，可以通过小比例尺等高线地形图观察到。每个旅行者都应该会查看地形图，从图上大致了解当地的地形结构，因为这影响了山川、河流，还有湖泊和池塘。例如在北美东部的“马背”地区，许多湖泊和池塘被“马背”环绕，天然的排水通道被堆积的淤泥堵塞。这些池塘的堤坝高出水面数英尺，堤坝外侧斜坡伸向沼泽，沼泽的水可能是从堤坝渗透来的；很多池塘的堤坝比普通马路要窄，延伸数英里。当这种景观出现时，它们的方向都是一致的，在这个地区就是东北向。

利用河流导航的人应留意观察我所描述的其他自然标识物的特征，因为通过河流导航的古老方法可能产生严重错误。在冰岛流传着这样一个耳熟能详的故事。有很多条河从冰岛中部的冰原向北流，岛的北面有一个农夫，他在赶羊时逆河而上。那年的晚些时候，薄雾常常光临中部冰原。当时这个农夫迷路了，越过了分水岭却未察觉。他遵循惯例，顺着离他最近的一条河南下，直奔大海。许多天后，他筋疲力尽，蹒跚着叩响了冰岛南部一个农场的大门。农夫跟错了河流，全凭出色的身体素质和坚强的意志才走到了“终点”，这趟路竟然比回家多出了 100 英里。

在没有辅助导航设备的情况下利用河流找路，旅行者务必要很有把握，否则十有八九会进错家门。完全沿着河岸行进通常很难，而最难的是跨越那些支流的河口。如果天气条件不算太糟，对迷路的旅行者来说，跟着山脊走可能更容易，从山脊上能不时看到河流。在平坦的沙漠地区，降雨量稀少或者只有季节性降雨，河床经常干涸，如果河床比降小，那么很难判断有水期的水流方向。但在前一次有水期，河水会冲来灌木枝或至少是一些漂浮植物，它们停留在干河床上的位置可以非常清晰地表明水流曾经的方向。

在广阔的苏联，利用河流导航相对容易。在那里的大部分地区，河流向北流经大平原后注入大海。即使看不到河，人们也总是称东岸为高岸，西岸为低岸。

毫无疑问，东岸的侵蚀及峭壁与西风持续带来的河水有关。另一个可能的影响因素是地球自转产生的偏转力（科里奥利力）。

在我看来，之所以苏联和加拿大有着广袤的肥沃平原，很可能是因为北去的河流千万年来渐进而持续地东移，而造成东移主要是西风带来的河水侵蚀，以及地球自转引发的向东偏离。

在山地地区，跟着山脊走有时比跟着河流走更容易。但如果这个地区地势陡峭，这样做会变得非常危险，因为山脊可能止于突然出现的悬崖，而河上的中断最糟的就是瀑布或急流，但河岸通常还能通行。在地势平坦地区，跟着山脊走的收获会非常多，尤其是在密林里。山林里的动物会沿着山脊觅食，它们踏出的天然路径可供旅行者利用，特别是提前了解过当地地形的旅行者。

第 16 章
估计距离

对长途陆上旅行者来说，判断距离的能力非常重要，特别是当旅程多弯路时。旅行者不仅应精确地记住每次绕行的方向，还应记住每条路线的行进距离。距离可以用步数来计算，对个人而言，可以根据地形种类和平均步长转换得到英里数；或者，距离也可以根据所用时间和步行速度（英里 / 小时）来计算。

在平坦地区，普通人以 30 英寸的步长能每小时行走三英里。如需更高的准确度，可自行测量平时的平均步长。

当必须准确记录特定线路的距离时，就得计算步数了。但无须每一步都计数，可以尝试只数右脚的，当计数到 100 时乘以 2 即可。为了记录更容易，出发前在口袋里放一些小鹅卵石或种子，右脚每走 100 步就把一个石子或种子从一个口袋转移到另一个口袋。按照 30 英寸的步长，右脚走 1000 步相当于一英里，也就是需要 10 个小石子或种子。

在出发前判断距离，距离通常会被低估；而在旅程中和人疲惫时判断距离，通常又会被高估。

当用眼睛判断前方距离时，有些条件下会高估距离，而有些条件下会低估了距离。

物体看起来比实际距离近得多的情况有：

从山上向上或向下看；

物体上有亮光；

从水、雪或平坦的沙子上看；

天气晴朗。

物体看起来比实际距离远得多的情况有：

光线很差；

物体的颜色与背景混在一起；

物体在一条长路的尽头；

从起伏的地面上看。

在判断距离时，以下会非常有用：

距离 50 码，可以清楚地区分人的嘴和眼；

距离 100 码，人眼看起来像一个点；

距离 200 码，可以区分着装的基本细节；

距离 300 码，可以看到人脸；

距离 500 码，可以区分着装的颜色；

距离 800 码，人看起来像一个标杆；

距离 1 英里，可以看到大树的树干；

距离 2.5 英里，可以区分烟囱和窗户；

距离 6 英里，可以看出风车、大的房屋和塔楼；

距离 9 英里，可以看到一般的教堂尖顶。

在陆地或海上判断距离的简单方法是手指法。它的原理是，两眼之间的距离大约是从眼睛到伸直的指尖距离的 1/10。当远处物体的宽度已知，确定物体距离的步骤如下：

右臂前伸，竖起食指，用一只眼睛将食指对准远处物体的末端。手指不动，然后用另一只眼睛观察物体，留意物体看似移动了多少。物体的距离就是这个距离的 10 倍。当已知远处物体（如山、建筑物或船只）的高度，可以把头侧过来，如法炮制。

如果要获得更高的准确度，可以在调节双筒望远镜时测量两个目镜中心的距离，然后乘以 10。这个方法可以便捷地确认手指法所测的距离。

英国军队早在第一次世界大战时就使用了手指法，非常实用。自那以后，它被应用在海上，代替测距仪用于保持船队队形。

了解如何在海上判断距离，无论是与船只的还是与陆地的距离，非常有用。由于地球的曲率，观察者眼睛的位置越高，视野就越大，也就是说，能看到的水平线就越远。

要确定海上水平线的距离，取观察者眼睛所在高度（英尺）的平方根，然后乘以 1.15，其结果就是水平线的距离（英里）。例如，如果眼睛的高度在海平面以上 9 英尺，将 3（9 的平方根）乘以 1.15，那么水平线大约在 3.5 英里处。因此，漂在水平线上的物体也大约在 3.5 英里处。

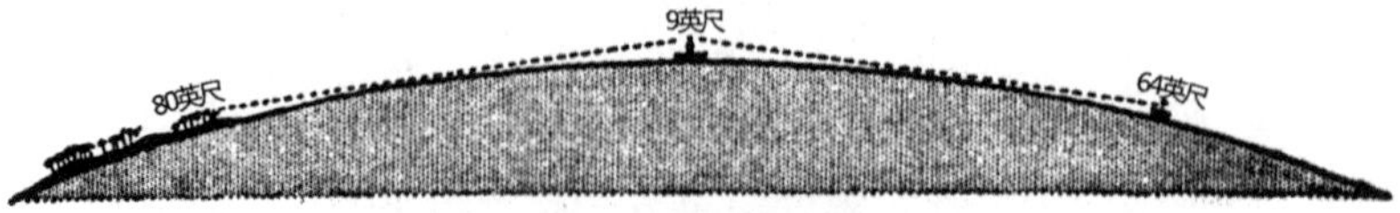

图 16.1 在海上判断距离

当要判断距离的物体位于你和水平线之间，可以通过你与物体和水平线之间的比例关系大致估计物体的距离，不过这要求熟悉透视图。

当船只仅有部分探出水平线时，如果能知道是什么类型的船，就能估计出水面以上的那部分高度，然后把这个高度的平方根加上你离海平面高度的平方根，所得再乘以 1.15，这就是你和那艘船的距离，即使还看不到它的完整轮廓。

举个例子，假设你看到的或是一艘大型蒸汽船前桅杆上的横杆。虽然船体还看不见，假定这类船只的桅顶横杆距离水面约 64 英尺，其平方根是 8，加上观察者高度的平方根 3，得到 11，然后乘以 1.15，那么结果是 12.65 英里。

如果已知某一突出物体的高度，如山或海岬，也可以采用相同的方法。人们知道许多树的平均高度，例如低海拔岛上的椰子树，树梢距离水面约 80 英尺，当然会有小的误差。因此，如果椰子树梢出现在水平线上，而观察者眼睛的高度还是 9 英尺，那么椰子树与观察者的距离约为 13.75 英里。

如果不想麻烦去乘以 1.15，就像前面的例子，省略这个步骤也不会对结果产生太大影响，至多出现 13% 的误差。

第 17 章

在城里找路

当身在城镇边缘，有很多迹象可以表明附近有城镇。密集的道路、铁路、电话线和电力线都通向城里。大量的上班族早上进城，而后下午离开，这些时段一进一出的交通流量方向可以反映出市中心的位置。如果许多飞机在爬升或下滑，这代表附近有机场，进而说明有城镇。晚上，机场的另一个标志是附近高楼上的红色航空障碍灯。

为了更好地接收信号，多数人会很自然地把天线指向电视站方向，因此天线的指向值得关注。比方在国外，多数电视站位于市中心，这对飞行员来说很有用。如果城里只有一个电视站，那就能很容易看出天线的大致方向。当然，在不止一个电视站的地方，这一标识物的导航意义取决于你对那里的了解程度。

在陌生的城镇寻找方向，会遇到许多与在密林中找路一样的问题。它们都是未知的领域，都需要精确定位。尽管在城里迷路的后果不如在丛林里那么严重，但有时也一样令人恼火，特别是在旅行者问路时，多数当地人都习惯给出让人困惑的答案。因为自己熟悉，一般人都会想当然地给出模糊、混乱的方向指引，末了再添上烦人的“你一定不会错过”。即使房屋和街道有系统的编号和名称，但如果开始时没能迅速确定好方向，仍然会迷路。因此，第一印象至关重要。

从了解街道南北西东的整体布局开始你在城镇的旅途。用已知的位置如酒店或住所确定方向，画一张简图，标记出这个“基地”和所有显著地标。外出时，要在你和“基地”之间保持一条虚拟线，这样就能随时知道初始位置的准确方向；还要在大脑中记下走过的每个转弯，例如，“离开‘基地’，步行两条街，左转走一条街，然后右转……”。当前位置和起点之间不断明确的位置关系能防止走错路。这种方法被早期人类所使用，他们能在旅途中的任何时间指出起点的位置。把一切和中心点关联起来的方法，结合上辨识方向的现代手段，会产生更好的效果。

如果城里有制高点，比如能从所有角落看到的建筑物或山丘，那么可以把它与你的方向相关联，只要它离得不是太远。

在某些情况下，凭大脑记住转弯的地方可能很难，这时可以用住所所在的街道作为基线，把各个方向与之关联。这样，即使不能直接找到住所，也能通过找到这条基线然后回到“基地”。

当然，这一切取决于你在陌生地的初始经历，也就是基础关系建立之初。如果一开始就定位错了，后面不可能再调整。伴随着对方向的误判，大多数人在陌生城市都经历过混乱、困惑和不愉快的不确定感。一切似乎都是颠倒的，然后你开始对找到方向失去信心。

1929 年，我和罗斯科·特纳一起试图打破洛杉矶到纽约的飞行记录。那是我第一次去长岛。经过漫长、难受的 19 个小时飞行后，我们在恶劣的天气中降落在罗斯福菲尔德机场。那时是午夜，我太累了，在离开机场时判断错了方向。我一直以为很清楚方向，其实一开始就完全错了。更糟糕的是，我带着错觉继续后面的活动。似乎一切都颠倒了，我不断犯错，以至于开始对找到方向没了信心。在那之后的几年中，只要到达罗斯福菲尔德地区，我总觉得北应该是南，西应该是东，尽管我很清楚地知道这是错的，但还是无法摆脱，每次到访那里，我都不得不下意识地把错误观点转换过来。

那之后我发现我的经历并非独一无二。实际上，当我和他人谈及此种经历时，多数人有同感。刚到陌生城镇时，对方向的第一错觉似乎总是无法消除。只有当自然导航者在城市中首次建立基点时的方向是正确的，这种现象才能避免。

乍一看，有些城市似乎没有特定的扩展模式，但如果仔细研究，还是会发现某些排列规律。作为一个城市的陌生人，需努力找出这种模式，查明是否有规律。在经过规划、而非从小村庄演化来的新城镇，其布局是对称的。只要地形允许，街道会设计成直角。完全的南北向排列是最易遵循的模式。盐湖城就是一个很好的例子，这个城市的主要街道都是东西向和南北向的，即使有河流经市中心，依然如此。一旦找到北，并养成记转弯的习惯，你就能充满自信地在这样的地方旅行。其他一些城市如芝加哥、丹佛和堪萨斯城，那里的街道方向也是这样。在澳大利亚墨尔本找路也很容易，街区是规则的，街道彼此成直角。

河流、湖泊或山丘可能对城市规划产生重要影响。当河流经城镇时，街道可能会遵循河岸的方向。面向湖泊的城镇也会如此。类似的，当城镇坐落在山间时，街道也会依相应模式设计。

在美国，有很多这样遵循地形的例子。俄亥俄州的克利夫兰与埃里克湖平行，与湖岸成直角，如果你了解这里的基本方向与湖岸平行，那么找路就不会太难。纽约的曼哈顿与哈德孙河、东河平行，与河岸成直角，那里的第五大道正是如此，角度是北偏东 19°。

新西兰的惠灵顿建在山上，在这种情况下，道路是不规则的，因为道路设计要考虑到斜坡，对车辆来说坡度不能太大。

在一些城市，彼此平行的街道有明确的编号或名称。例如在澳大利亚布里斯班，一个方向上的街道以女性名字命名，而与之垂直的街道以男性名字命名。在其他一些城市，主要街道可能从中心点如广场或环岛向外辐射，这种情况下，要记住周围街道的模式，把你的方向与中心点关联起来。这种定向方法在伦敦、巴黎这样古老的城市特别有用，因为它们的扩展并没有明确的规划或模式。

在确定了城镇街道的布设规律后，还得考虑另一种辨向方法。建筑物的朝向显然与阳光有关。建筑师设计建筑物时会考虑哪个区域能接收更多的阳光，相应地将房屋朝向这个方向。在北半球的温带和寒冷地区，建筑物通常面向南方，因为这个方向光照最强。在南半球的温带和寒冷地区则相反，也就是面向北方。

在寒冷地区，起居室会尽可能朝南，以获得更多的热量和光照，而厨房通常在北侧。在德国石勒苏益格 – 荷尔斯泰因州，有一种长而狭窄的农舍（名为 Friesian）就面向南方，能获得更多的热量，其长边在东西向上。仔细观察后发现，这里 77% 的房屋都以这种方式排列。这不仅使房屋能最大限度利用南边的阳光和温暖，而且迎向强大、寒冷西风的只是房屋的短边。在其他寒风肆虐的地区，门窗会开在背风侧，这可以在法国的普罗旺斯看到。

在炎热地区，房屋的朝向可能大不一样。通常，房屋的朝向要避光而不是向阳，要迎风而不是避风。当从法国中央山地南下地中海时，你会看到从朝阳的房屋到海岸庭院的快速过渡，在那种院落中，主客厅面向中央庭院，能完全避开夏日的骄阳。这几乎也是所有西班牙房屋的标准模式。早在五千多年前，在阳光充足的美索不达米亚平原上，苏美尔人创造的最早的西方文明的建筑方式也是如此。

在其他一些炎热地区，房屋的朝向一般是为了从盛行风获得更多的凉爽。在南太平洋的岛屿上，房屋的长轴会尽可能与东南信风的风向成直角，这样凉风能穿过所有的房间。

在荷兰还有一种辨识南北的方法，因为那里的房屋北侧没有百叶窗。节俭的荷兰人通常只在房屋南侧安装百叶窗，因为阳光只在那一边。百叶窗不用时会卷起来，装饰一番，这也成了去荷兰旅行的人判断方向的一个标识物。

在基督教国家，教堂几乎都是东西向的。这种设计可追溯到古时候，当时的教堂建有朝东的祭坛。在西欧教堂建筑风格的演变史上，这个传统一直延续下来。在西班牙、德国、英格兰、法国和意大利，以及荷兰和斯堪的纳维亚的许多地方，中世纪和当代教堂都采用这种东西向设计。内殿，包括祭坛和教堂东侧，往往是教堂最古老的部分，其高度比中殿低。内殿东面通常还有一个后殿，其高度依序又低于内殿，在教堂东面形成一个突出的半圆形。内殿和中殿之间通常有耳堂，一北一南，这使得教堂呈十字形，而塔楼会建在耳堂甬道或中殿西面（后者更常见）。

即使在人口密集的市中心，也有自然标识物能指引方向。这些标识物不仅对初来乍到者有价值，对当地人也很有用，还很有趣，因为它们能帮助当地人练习观察，以备到访陌生城市时所需。运用本书的知识，旅行者和当地人能解释城镇中一些奇特的自然现象及其影响，其中之一就是长在建筑物上的真菌、苔藓或地衣，它们是可靠的方向指识。首先，找出风带着雨水从何而来，然后与太阳轨迹相结合，于是可以知道水分在哪个方向上能保存最久。一旦确定，那么在任何城镇，这几乎就是一个永久的方向标识，通过观察这些植物长在建筑物的哪一侧就能辨识方向。

阳光最强的方向上会产生油漆漂白效应，尤其是暗色调油漆，因此也可以通过观察建筑物上的这种效应来寻找方向。关于这个方法，需要综合解读太阳、风、雨对建筑物或围栏上的油漆或其他装饰的剥落效应。这种效应也能在建筑物和桥梁上的铁锈现象中看到。即使无法确定哪种外力的影响最大，也能看出这种侵蚀效应在方向上的一致性。例如，如果确定被侵蚀的外观位于某个建筑物的东南侧，那么在当地旅行时，你会发现大多数建筑物的同一侧都有类似效应，因此，只需观察哪一侧出现了这种效应，就能持续地辨识方向了。

我在本书中反复强调过，借助自然标识物寻路必须综合各种自然信号，在城镇中也是如此，各个章节的许多单一方法可以相互结合。在城镇旅行时，通过太阳和影子判断方向是最可靠的。夜晚，可以依本书的介绍使用月亮和星星来辨识方向。高处云的移动、当地季风和主导风的风向都有助于在城镇中寻路。

第 18 章
定向运动

导航是一门"艺术"，因此它能发展成一项运动一点也不令人惊讶。定向运动[①]是一个新项目，数年前诞生于瑞典。据估计，约有 35 万人（占瑞典人口的比例非常高）参与这项探路运动。更重要的是，瑞典每年有约 4 万名男孩和女孩获得专业资质。这项休闲运动如今非常流行。

从本质上讲，定向运动包括了点到点的越野赛，必须完全靠地图和指南针到达每一个点。人们设计出了各种比赛形式，以便不同年龄段和身体条件的人都能参与。简单定向越野是最流行的比赛形式，所有参赛者携带地图和指南针，大约以一分钟为间隔从共同的起点出发，地图上标记了方向和第一个控制点（站）的位置。每个

① 我认为斯堪的纳维亚的爱好者以"orienteering"为名将定向运动引入英语国家并不妥，使用这个名称有违其初衷。瑞典语的确切翻译是"orienting"，而非"orienteering"。后者如今成了一个英语单词，被广泛使用。但固有的说法并非就是正确的。

参与者采用他所估计的最短路线前往那里。控制点可能是一个山丘、枯树或其他明显地标，标记有方向和到下一个站点的距离。比赛通常按所用时间来评分，即使每个人都到达了终点，但这是一场速度和技巧的较量。

有一种不太严格的比赛形式是“点定向”。参赛者需要跟着地上明确标记的路线行进，并在地图上标记出赛程中经过的控制点的确切位置。他们所做的记录会有评判并赋予分值。还有一些比赛形式被设计成夏天骑自行车或开车，冬天滑雪或滑冰。借助地图以及场地、地标的照片，这项运动甚至可以在室内进行，参赛者必须在地图上指出各个站点的方向。在所有这些比赛形式中，使用地图和指南针的技能是最核心的。

还有一种不太准确的比赛形式名为“微定向”。这是针对孩子的比赛，教他们使用指南针找路，是一个很好的训练方式。在校园或公园里，学生必须独自通过指南针的方向找到一系列控制点。每个控制点有一张卡片，卡片就藏在站点附近，例如一棵树的后面。

在瑞典首创的定向运动如今在其他斯堪的纳维亚国家以及比利时、荷兰、瑞士和法国流行开来，也被成功介绍到美国、英国、澳大利亚和新西兰。

毫无疑问，这项运动在全世界的推广很大程度上归因于它能适应童子军计划，非常适合年轻人参与。它需要参赛者保持敏锐、积极和进取，参与的男孩和女孩长大后能成为户外运动的高手。许多猎人、渔夫、伐木工、攀岩者以及未来的探险家能安全无虞地环游世界而无须向导，正是因为有丰富的定向运动经验。

同样毫无疑问的是，这项运动的成功很大程度上也归因于它能唤起文明世界的人们的开拓精神。瑞典的倡导者比约恩·克杰斯特伦和斯蒂格·赫登斯特伦把这项运动引入了其他许多国家。他们说，通过定向运动可以体验到探索的乐趣，新的冒险之旅由此敞开大门。

我对目前这项优秀运动唯一的批评是对地图和指南针的过度依赖。作为一名专业导航员，我当然不会指责任何旨在提高这两种基本工具的熟悉度和使用效率的运动。但在我看来，如果定向运动爱好者也运用自然标识导航，那么能从中获得更多乐趣。把自然导航引入定向运动并不难，不仅能增加运动的乐趣，还能让参赛者更准确、更快速地找到路，在没有地图和指南针时也能从容应对。

举个例子，太阳和影子这样的自然标识可以轻易用在定向运动中。没人能一边跑步一边使用指南针，但能很容易地找到各种物体的影子。在以时间决胜负的比赛中，擅长使用太阳导航的人能轻松赢过使用指南针的。当然，他需要了解所在纬度和季节的太阳运动。附录 3 的太阳方向表就像指南针一样易懂，在定向比赛开始时，相关信息可以轻松记忆。

如果每个参赛者全程都主要使用自然标识物导航，辅以指南针和地图进行确认，那么定向运动会更有意义、更大胆。这项运动唤起了人们的好奇心和探索欲。但如果探险者能倚重自然导航能力，那么唤起的好奇心和探索欲将更了不起。

像许多专业导航员一样，我一生都在不自觉地从事定向运动，正是定向的精准性吸引我投入工作中。当预先规划的目的地精准地出现在眼前，没有什么能比远距离航行后（无论船只还是飞机）的着陆更令人满足了。陆上旅程结束时，“到家”的感受可能没那么戏剧化，但魅力亦然，满足感也同样深刻。

在军队里，现在只有特定群体才会学习使用地图和指南针。我确信这些工具的简单应用应成为所有人军事训练的一部分，并且应在类似斯堪的纳维亚定向运动的线路上进行。我无法想象没有掌握自然导航（而非仪器）基本知识的队伍如何能提升人的作战能力和效率。

第 19 章
利用海浪和潮涌找方向

如果没有指南针、六分仪、计时器或无线电，如今大多数导航员将在海上找不着北。我们习惯了使用这些仪器进行导航，以至于在观察海浪周而复始的上下涌动时，意识不到其中显然的规律性。而自然导航者却能通过潮涌找到方向。

大部分海洋都存在长期的潮涌。在海洋中部，即使平静如镜的海水，其上下潮涌也能观察到。只有在极特殊条件下，这样的运动才会小到无法察觉。这种长期的潮涌能持久指示盛行风的风向，因为是盛行风导致了潮涌的产生和持续。要改变潮涌方向，需要有来自非盛行风向的持久、特殊的风力。纵使天气变幻莫测，盛行风施与潮涌的动力始终存在。风可能会突变，但潮涌的方向不会。当然，区分潮涌和海浪很重要。当风变化时，水面上海浪的运动模式及方向会随即跟着变化，但长期的主潮涌不会。当风在非盛行风向上出现，无须多久，就能发现海浪运动与长期的主潮涌成夹角。

对自然导航者来说，海浪运动在许多情况下（尽管不是全部）可以提供有用信息，而潮涌则是在任何时候都可以。例如，海浪有时能指示目不能及的陆地，当有风吹过这块陆地，而它的海岸附近有高地时，陆地屏障的保护作用能被船员察觉到，即使还看不见陆地。因为在背风侧，海浪和潮涌（如果有盛行风）都会变小。如果航海者发现大海变得平静，而风仍在以同样的风力吹着，那么就能确定陆地的方向。

在所有的早期开拓者中，波利尼西亚人从无时不在变化的大海了解到的信息最多。他们一直生活在岛屿点缀的太平洋上，对陆地在海浪和潮涌的形状、风向和运动模式上的影响产生了特殊兴趣。对他们来说，观察海面比下水探测更有用，因为太平洋的大部分珊瑚礁都孤立地存在于深海中。在波利尼西亚人眼中，海浪就像陆上的地标一样有用。

波利尼西亚人并非太平洋地区唯一了解海浪和潮涌的土著航海者，其实更为熟练的是密克罗尼西亚人，他们是波利尼西亚人和蒙古人的混合人种，生活在卡罗琳群岛和马绍尔群岛。这些群岛位于赤道以北的西太平洋，由数百个小型、低矮的珊瑚环礁组成，分散在浩渺的大洋上，只有靠近时才能看到，很少能彼此相望。

在这些群岛之间，密克罗尼西亚人的导航方法与波利尼西亚人相同，但他们还有一些波利尼西亚人似乎从未发明过的东西——海面形貌图。从某种意义上说，这些独特的海图其实是模型，是用椰子纤维捆绑在一起的椰子树枝制成的。在模型当中，精心布置的弯曲树枝被系在网上，准确地表示了岛屿周围主潮涌的曲率和交汇点，岛屿则用小贝壳表示。这些海图依据的不是空间比例尺，更多的是时间比例尺，因为对密克罗尼西亚人和波利尼西亚人来说，两地之间的计量单位只是“独木舟日”或“双体船日”。在密克罗尼西亚的海图中，有的小岛显得很大，并不成比例，那是因为它们对海图的制作者和使用者来说非常重要。事实上，密克罗尼西亚的海图能帮助人记忆。他们的海图主要有三种类型：训练简易海图、大海域基本海图和当地海图。

（据判断）密克罗尼西亚的海图非常有个人特色，因为每个航海者独立制作，将他感兴趣和对他有用的想法纳入其中。因此，相同区域的海图差别很大，正如我们从全世界博物馆仅存的少量海图中看到的那样。但不幸的是，据我所知，流传至今的海图仅有 43 件。在某个群岛的密克罗尼西亚海图中，那里所有潮涌的方向特征都作了仔细标记。此外，海图上的枝条表示能看到岛上椰子树的距离。其他线条显示了即将到来的潮涌和潟湖落潮交汇的位置和距离；很多时候，从这个位置还看不到陆地。

随着潮涌接近岛屿，海水的水纹图案开始变化。这种变化从还看不到岛屿的地方就开始了，潮涌前端会出现平缓的曲线，像要环抱岛屿一般。潮涌越接近岛屿，曲线的曲率就越明显，直至完全贴合障碍物。直接冲向岛屿的那部分潮涌被分成了小的海浪，然后继续，最终崩裂成礁石上的浪花。这种主潮涌方向上的海浪运动很容易观察到。

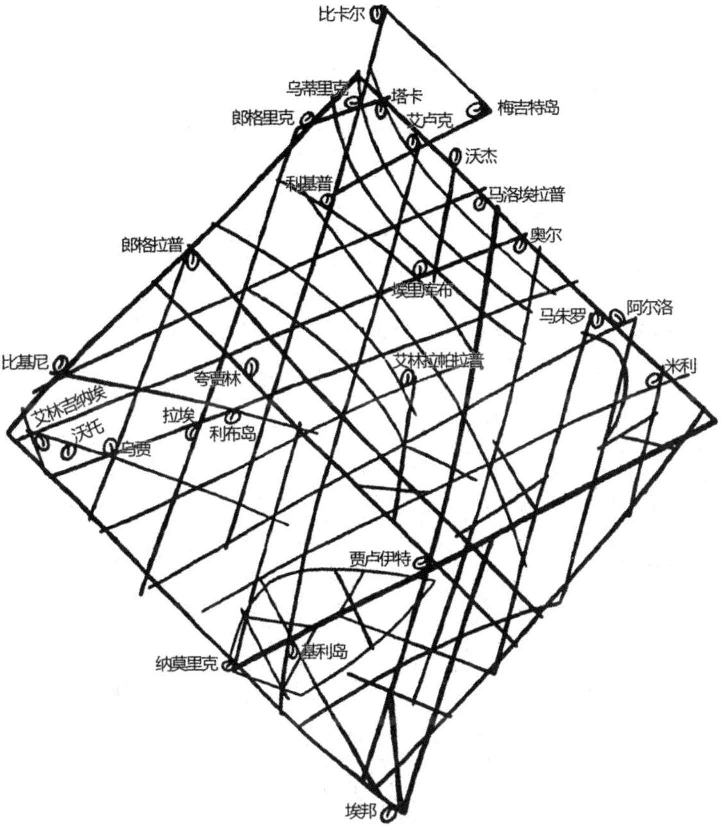

图 19.1　马绍尔群岛海图。使用的材料是椰子树枝，贝壳代表岛屿（除明确标注外均为环礁）。

这还不是故事的全部，因为我们可以在岛的另一边找到反向潮涌。反向潮涌没有岛屿盛行风迎风侧的主潮涌明显，但足够了解它的人都能找到它。我曾从空中清晰见过这种反向潮涌，其曲线很容易辨识，也环抱着岛屿，尽管没有主潮涌靠得那么近。当然，反向潮涌和主潮涌在一条直线上相遇，这条线与主潮涌方向成直角，稍微偏背风侧一些。沿这条线，即使离岛很远也能看到小的漩涡。这正是密克罗尼西亚人寻找的两个相反方向潮涌的交汇线。当他们偏离目标岛屿时，会找到这条潮涌线并沿着它轻松驶向目的地。此外，他们甚至能在夜间找到这种潮涌线，因为在热带海洋，漩涡和湍流会把发光生物带到海面，使得潮涌线成为一条微妙而可靠的耀斑路径。

密克罗尼西亚人不仅寻找和使用潮涌和反向潮涌的交汇线，还使用不同岛屿潮涌的交叉点。他们总是从一个岛驶向另一个岛，在脑子里记下来，或者在海图上标记出潮涌的曲率或干扰，以及潮涌的交汇点和漩涡。当然，他们也观察太阳和星星，研究海鸟的迁徙，使用我在本书提到的许多其他方法进行导航。当我向经验丰富的导航员描述早期密克罗尼西亚人的导航方法，展示这些人如何成功地在岛屿间旅行时，他们无不表示惊叹，有的甚至不敢相信。当然，有需求才会有发明创造，但无疑令人惊讶的是，在一千多年前或更早的时间，土著航海者就会观察和制作海图来记录下一些微妙的东西，例如某些岛屿盛行风迎风侧的特殊潮涌，它是主潮涌被海岸阻挡后反弹形成的。密克罗尼西亚人和波利尼西亚人甚至在远海也能辨识这种潮涌。

第 20 章

海水的颜色

人们普遍认为，海水的颜色主要来自天空的反射。的确，天气的状况可能对海水颜色产生轻微影响，海水在阳光下会更明亮，在阴天会更暗淡。但是经验丰富的船员知道，海水的颜色取决于水中的物质，主要有两种变化趋势，每一种都受多个因素影响。

当海水中的有机体含量高而盐分含量低时，海水趋于绿色。当有机体含量低而盐分含量高时，海水趋于蓝色。绿或蓝的深浅程度略微受太阳光影响，但更多与海水深度有关，越深的海水颜色越暗。

从这些规律出发，我们发现赤道水域趋于蓝色，而温带和北极水域趋于绿色。在炎热气候中，尤其是在红海和地中海这样的封闭海域，海水大量蒸发，含盐量远高于世界平均值，因此那里的海水是蓝色的。此外，热带海洋的有机体含量通常低于高纬度海域，这也使得海水呈蓝色。

相反，极地海域的蒸发少，加上冰雪融水的稀释，因此含盐量低于平均值，此外，在冰雪附近，温度较低的海水中充斥着大量的有机体，因此海水非常绿。

同样，热带海域也偶有绿色海水，但原因很特殊。黄色和蓝色混合会产生绿色，当蓝色热带海水下出现黄沙，就会发生这种情况。因此，绿色热带海水通常是浅水域的标志。然而也并非总是如此：当海底不是常见的黄色而是白色时（这在一些珊瑚区域相当普遍），浅水域海水会呈现特有的淡蓝色。

在温暖水域的大河入海口附近也能看到绿色海水，如南美的亚马孙河和拉普拉塔河。这两条河流携带了大量的泥沙，淤积的泥沙一直延伸到海里。入海口附近的沉积物让海水变成了暗绿色，而不是蓝色。在泥沙淤积地之外，河水稀释了海水，降低了盐度，这也使得那里的海水变绿，这种效应甚至在拉普拉塔河入海口外 1000 英里的地方还能见到。

分析过当下世界海图的人都会发现，海水温度的分布并非依纬度呈简单的带状。相反，大多数海水都处于持续循环状态，无论在海面还是深水区。当然，有些海域的循环不明显，但这非常少见，其中最典型的是北大西洋热带区域的马尾藻海。这里的海水非常咸，有机体很少，因此比其他已知水域（海水或淡水）更蓝、更清澈，但或许比不上著名的俄勒冈州高山淡水湖——火山口湖。

由于海水不停运动，寒冷、绿色的北极海水几乎能到达热带地区，而温暖、蓝色的热带海水几乎也能到达北极地区。在海水流动过程中，不同海流的特征大相径庭，导航员能从海水颜色和温度的突变中轻易察觉海流之间的边界线。例如，墨西哥湾流和拉布拉多洋流的差异就非常明显，它们之间的边界线延伸数百英里，很容易在轮船甲板上看到；由于位置相对固定，因此也为船员提供了一个确定方位的现成、有效的手段。

墨西哥湾流的命名不当使得很多人误以为它起源于墨西哥湾。墨西哥湾流从尤卡坦海峡到佛罗里达海峡，很少进入墨西哥湾。它起源于热带大西洋，含盐量高，氧气不足以促进生物生长，由于温度高、颜色蓝，可以很容易地与伴行或交汇的相邻海水区分开。

另一方面，拉布拉多洋流自格陵兰岛和加拿大北极地区沿拉布拉多海岸南下，从北极冰川带来了大量浮冰。在北美东部沿海，拉布拉多洋流介于北美大陆和东北向的墨西哥湾流之间。它的温度很低，含盐量相对较小，有大量的海洋生物，因此颜色很绿。在与墨西哥湾流的交汇处，颜色对比非常惊人，温度的对比更是如此，航海者穿过海流交汇处时，温度可能会陡然上升或下降 30 华氏度（1 华氏度约为 0.55 摄氏度）。

从这个例子可以看出，海水颜色和温度的变化对早期人类和西方航海家非常重要。这样的例子在世界海域还有很多，或许只是没这样显著罢了。在西方航海家的日志中，我们常会看到诸如“绿色海水”的说法。这是一个常识，所有的海上旅行者，特别是小型船只旅行者，都应具备足够的知识和经验来识别海流。所有的航海者都会密切关注气温的变化，并迅速确认这样的变化是否也在海面上有所体现。当开阔的海面上出现细微的温度变化，但又并非由气温变化导致时，可以断定，这归因于海岸效应或者来自极地或赤道的海流。

将近两百年前，用计时器确定经度尚未普及，包括本杰明·富兰克林和约翰·威廉姆斯在内的许多航海家和地理学家都在努力推动他们所称的“温度导航系统”。他们制作了海图，给出了大西洋中暖流和寒流的准确位置，鼓励航海者多用温度导航。随着计时器的改进以及在导航中的普遍应用，温度导航渐被遗弃。但对自然导航者来说，它仍是一个有用的工具，只需将手放入水中，就能快速感知水温的细微变化，正如波利尼西亚人1000年前在太平洋上所做的那样。

回到海水颜色导航的主题上来。我们看到，在热带地区，绿色海水是沙滩（如果沙子是黄色的）或河口存在的迹象。还有其他一些颜色也能指示陆地的存在以及礁石和航道的深度。在热带海域，当珊瑚礁劈开海水或在水下生长时，经验丰富的船员只需观察海水的颜色就能知道哪里可以安全通过，因为海水的颜色显示了珊瑚礁的深度。当珊瑚礁距离水面只有几英寸到几英尺时，海水通常是黄色的，而且水越深，颜色越深。在斐济群岛，有大量海域还没有海图。按照早期波利尼西亚人的方法（他们深入了解水深造成的海水颜色变化，能在礁石之间极其准确和大胆地驾驶双体船），仅仅通过判断珊瑚礁上的海水颜色，我就能全速驾驶摩托艇安全通过未知的海域。

我一般会再带一个人上船。在天气恶劣或光线不佳时，我绝不敢贸然出行。在这种情况下，海水的颜色变化不可靠，这种导航方法势必不再安全。

并非海洋中的所有颜色变化都能指示海流交汇或接近陆地。在世界很多海域，某些微小生物会聚集在一起，呈现出橙色或红色景观，但是这并不能表明附近存在陆地，而海水中棕色或泥土色景观却可以。棕色或泥土色是由淤泥引起的，而淤泥只可能来自河流（或者最特别的情况是火山爆发）。

海水中的光斑通常表示礁石或海岸的存在，但并不绝对，因为某些生物夜晚时可能会在开阔海面的表层水域发光。然而，自然导航者应该小心那些所谓的“磷光”海，当心那里的礁石。磷光这个词其实并不准确，因为海洋生物的发光与磷无关。加列戈是西班牙的一位早期太平洋航海家，他在 1566 年的日记中展示了他的睿智，他写道：“当风雨交加的夜晚降临时，我们看不见任何港口。但是通过海面上的磷光，我们避开了礁石。当不再有磷光时，我们已平安过关，在凌晨四点进入了良港。”

第21章
海鸟的习性

体态优雅的海鸟一直是海洋的统治者，它们统治海洋的历史胜出人类千万倍。根据新近统计结果，世界上已知鸟类大约有8600种，仅有约200种完全生活在海上。自人类踏足海洋以来，这些漂亮的海鸟一直在为人类导航。它们从不出错的飞行线路能让船员找到陆地。某种海鸟的出现能告诉航海者进入了又一片海域，因为每片海域都有独特的温度、深度、盐度和海水运动，从而养育了特有的海洋生物族群，正是这些特有的海洋生物养育了海鸟，而每个海鸟群落都是独特的导航者，它们在海洋上下潜、掠水和飞行。

所有船员都应阅读有关海鸟的书籍，例如W.B.亚历山大的《海洋鸟类》，它涵盖了全世界海鸟的特征。如果要对大海有更多了解或有所帮助，那就读一读罗伯特·库什曼·墨菲的《南美海鸟》，或者詹姆斯·费舍尔和R.M.洛克利的《海鸟》(如果对北大西洋感兴趣的话)，再或者费舍尔的《暴风鹱》以及R.M.洛克利的《鹱》和

《海鹦》。

这里我先引用墨菲经典著作中的一段话：

> ……如果海水能告诉我们关于海鸟的信息，那么海鸟也能告诉我们海水的信息。雪鹱喜欢凉爽的海水，而热带鸟更喜欢清澈、有机物和盐分多且温度适中的海水；褐鲣鸟爱吃飞鱼，而飞鱼生活在有特定温度和气体成分的海水中。

从前面提到的权威学者及其他同样痴迷于海鸟的鸟类学家的著作中，我尝试提炼出对自然导航者有价值的信息，当然也包括我自己的发现。

读过墨菲《南美海鸟》的读者清楚地知道，在热带海洋，鸟类出人意料地稀少，这与高纬度地区的情形成鲜明对比。总的来说，在高纬度地区（南、北半球）的海鸟群落中，有一些物种会远离繁殖地，飞往海洋深处，而与之相反，大多数热带海鸟不会离开群岛或大陆海岸上的巢穴太远。当然，也有一些人们不太了解的热带物种，以及某些数量众多的海鸟如乌燕鸥，似乎会消失在海上，没人能找到它们。可以肯定，适合大量热带海鸟栖息的地方非常之多。在热带海洋，特别是太平洋和印度洋，许多无人群岛上的海鸟多达上百万只。当然，在某些大岛上，人类的到来和他们引入的天敌大大减少了海鸟的数量，但仍有许多小岛上的海鸟黑压压地数不清。

尽管如此，必须重申的是，航海者也可能在热带海洋上一连数天看不到一只鸟。一位经验丰富的观察者的记录是，在热带太平洋的远程航行中，平均每125英里会有一只海鸟出现在开阔海域，因此，在远离陆地的热带海域，船员没法指望从海鸟身上得到位置信息，而必须利用其他所有导航手段。当接近陆地时，热带海鸟会变得有用，如果他能仔细记下海鸟的数量，并能独自对其进行辨识，那就更有用了。

以从旧金山到塔希提的一次旅程为例。在行程的头两天，能看到北美海岸的海鸟。这之后的五六天里，只能偶尔看到海燕。当船接近赤道时，零散的卷云变成了厚厚的黑云，潮涌大了，暴风雨来了。这时突然出现了许多海鸟，其中有海燕、红尾或白尾热带鸟。然后，当船接近岛屿时，又看到了大量的燕鸥。当船向更远处航行时，海鸟又突然消失了，如同它们突然出现那样。

其实，海鸟的突然出现或消失才是最常见的，值得航海者和自然导航者留意。当船只进出赤道无风带或者从一个海流主导的海域进入另一个海流主导的海域时，海鸟就会突然出现或消失。正如之前章节中所说，相邻海水的特征可能大不一样，海鸟的分布如同海流一般泾渭分明。某个海流可能具备海鸟的生存条件，而另一个海流可能就没有。在海流的交汇处，不仅海鸟的分布会骤然变化，还会有大量海鸟聚集，因为这里的海水常常从深处涌上来，把食物带到了水面。在墨西哥湾流与拉布拉多洋流的交汇处，就总会聚集大量的海鸟。

根据许多鸟类观察者的经验，随着航海者向食物更多、更浅的北方海域航行，海鸟数量越来越多。在北大西洋法罗群岛附近，每天能看到上百只鸟，而在大西洋中部，有时每天只能看到一只。在佛得角群岛附近，每天能看到 34 只鸟，而在百慕大群岛和西班牙南部的连线上，大洋中部每天能看到一只鸟，然后增加到四只、七只，接近直布罗陀时增加到了 15 只。南大西洋的情况同样如此，纬度越高，海鸟数量越多。一般来说，航海者越往南，海水中的食物就越多，海鸟的数量也越多。

为了对自然导航者有进一步帮助，我在接下来的篇幅中总结了几种代表性海鸟的习性，主要针对那些真正有助于确定陆地的远近和方位的海鸟。附录 1 里有 43 种海鸟配有插图，同时有文字描述。插图由伟大的博物学家和鸟类观察者弗朗西斯·李·杰克斯特别绘制，他注重把每一个物种的特征描绘出来，让它们很容易被辨识。此外，由于鸟类作为陆地标识的重要性因季节而异，特别是在繁殖季，我编制了一份包含季节说明的表格。但必须强调，所有的说明仅针对导航而言。切记，单独或少数现象不能得出可靠结论，绝对有必要考虑“平均法则”，通过观察一定数量的海鸟来判断陆地距离只是一种合理的推定。没有证据表明海鸟的数量能作为确凿依据，除非涉及几个以上的不同物种，或者从其他自然标识物得到了确认。毕竟，自然导航要从多种信息源综合判断，单个信息本身很可能是不可靠的，但当所有信息叠加在一起时就能得出一个可靠的结论。

* * *

特别实用的导航类海鸟笔记

企鹅

世界上有 15 种企鹅，全都分布在南半球温度很低的水域。半数的物种生活在亚南极岛屿或南极大陆的海岸上。几乎所有企鹅都是群居动物，因此它们的栖息地异常热闹，很远就能听到它们的叫声。在繁殖季，会有大量的企鹅在栖息地岸边游泳，然而在南极或亚南极地区，这并不一定代表附近有企鹅栖息地，因为它们也经常聚集在距离栖息地数百英里外的地方觅食甲壳纲动物。自然导航者最熟悉的是北方的物种，其中四种是黑脚企鹅，它们的特征是眼部有白色宽条纹，条纹在侧脸和颈部变宽，与白色胸部相接。在北至南纬 15° 的南非海岸发现了一种黑脚企鹅。在南美，麦哲伦黑脚企鹅被发现的地方位于北至南纬 24° 的东海岸，西海岸也有，那里还发现了洪堡黑脚企鹅，它们随凉爽的洪堡洋流最远北上到了南纬 6°。在南美西海岸赤道上的加拉帕戈斯群岛，还有一种小个子黑脚企鹅，这是赤道地区存在企鹅的唯一地方。在澳大利亚和新西兰的南海岸也有企鹅，其中一种还北上到了南纬 22° 的澳大利亚西海岸。

信天翁

所有海鸟中适应力最强、最特别的是信天翁。信天翁科世界上已知有 13 种，属鹱形目（管鼻目），这一目还包括海燕科和鹱科。漂泊信天翁是现存已知最大的海鸟，翼展长达 11.5 英尺，体重约 17 磅（1 磅约为 450 克）。它们在南半球海域的活动范围广泛，主要是南纬 30°~60° 之间。在南美西海岸，有少数信天翁会随洪堡洋流北上到南纬 23° 附近。但是有四种信天翁基本只生活在南纬 30° 以北，其中一种只在赤道上的加拉帕戈斯群岛筑巢，是唯一在热带繁殖的信天翁。北大西洋上没有信天翁，但北太平洋上有三种。其中，最少见的是白色短尾信天翁，人们甚至以为它们已经灭绝，但幸运的是并非如此，1954 年在日本鸟岛上发现栖息着 10 对这种海鸟。黑背信天翁有着白色的头部和身体下部、深褐色的翅膀和背部，在夏威夷群岛的西北岛屿上筑巢。北太平洋上最常见的信天翁是黑脚信天翁，从夏威夷到马绍尔群岛、火山列岛和小笠原诸岛，在这些更北的岛屿上广泛分布有它们的巢穴。北太平洋的信天翁通常在 4~10 月繁殖。即使在繁殖季，也能在远离陆地的海域看到少数信天翁。

现代海员似乎并不相信柯勒律治在《古舟子咏》中提到的古老传言，并不认为捕捉信天翁会带来坏运气。我曾在澳大利亚到新西兰的海船上当学徒，那艘船上的船员就常捕捉和观察信天翁。我自己使用的一种捕捉方法是，在绳子的末端绑一小块三角形黄铜，信天翁被闪亮的金属吸引，弯曲的喙会套进三角形里，然后可以很容易把它拖上船。顺便说一下，信天翁被拖上船时总会猛烈呕吐，许多人称之为“晕船”，但我认为这是一种防御机制，因为如果有入侵者闯入它们峭壁上的巢穴，信天翁及其幼鸟也会向入侵者喷出呕吐物从而吓跑对方。捕获信天翁要当心它尖锐的喙，有弯钩且极硬，能给人造成不小的创口。

海燕

除了信天翁科，还有三科海鸟也属于鹱形目。海燕科有 19 个成员，其中多为黑色，有白色尾部。海燕体形小，飞行方式与飞蛾有些类似，掠过水面捕食水中生物。很多海燕是船只的追随者，在非繁殖季，可以在远离巢穴数千英里外的地方看到它们。据科学家所知，海燕会在孵化后进入繁殖季，那时远海上几乎看不到未成熟的海燕。因此，海燕的数量是附近有陆上巢穴的有用指标。

世界上数量比较多的海燕之一是威尔逊海燕，其繁殖地在南极大陆及周边岛屿。在非繁殖季，它们会向北进入太平洋，必定在西太平洋越过赤道；也会向北进入大西洋和印度洋，并通常越过赤道。在北大西洋海域，它们很少能到达英国；但在大西洋西部，它们会在 4 月到达马尾藻海北部。在美国东海岸，能看到数量众多的威尔逊海燕在墨西哥湾流和拉布拉多洋流的交汇处觅食。实际上，威尔逊海燕是指示拉布拉多洋流最好的海鸟之一。有证据表明，它们自北大西洋的返程从大西洋东部的比斯开湾开始，沿非洲西海岸南下。在 6 月或稍晚一点到葡萄牙海岸，它们的数量有时也不少；到 12 月或 1 月初，仍会停留在非洲西海岸。威尔逊海燕很容易与大西洋的其他两种海燕混淆，一种是白腰叉尾海燕，其繁殖地主要在大西洋西部，但也有一些筑巢于英国、法罗群岛和冰岛，而另一种海燕则主要繁殖于英国的北部和西部，但也在冰岛、法罗群岛、法国西北部、比斯开湾、马德拉岛及地中海西部岛屿繁殖。

广义的这一科海鸟多达 50 种，还包括了巨鹱、很多被统称为海燕的海鸟，以及各种鹱。这些鸟飞行时比海燕有更多滑翔，类似信天翁。虽然繁殖季会集中在繁殖地附近，但它们的成长期通常很长，一年中任何时候都能在远离繁殖地的地方见到它们。了解这些海鸟对自然导航者会有很大帮助。

例如，北大西洋海域最常见的是暴风鹱，这是一种真正的海鸟，成长期长达七年。在北大西洋任何海域，几乎所有时间都能见到它们。事实证明，了解这种鸟非常有用。第二次世界大战期间，英国的“女王号”从英国驶往北美。当然，这艘船的航行路线是保密的，但有一位乘客却清楚地知道这艘船经过了冰岛和格陵兰岛之间的丹麦海峡。北大西洋的暴风鹱在颜色上有两个主要阶段，一个是白头、白胸，另一个是偏暗的蓝灰色。暗色暴风鹱的巢穴只出现在北极地区，那里 7 月的海面温度仍在冰点左右。虽然丹麦海峡附近并没有它们的繁殖地，但仍是来自北极的暗色暴风鹱的一个集结地。在那里，1~4 月暗色暴风鹱和浅色暴风鹱数量相等，而 5~8 月前者数量会多过后者，至少在格陵兰岛东海岸是这样的。

暴风鹱是世界上为数不多真正的“双极鸟”之一，它与南极暴风鹱（以前被称为银灰暴风鹱）可能同属一个物种，或者非常接近。南极暴风鹱在南极大陆和亚南极岛屿上繁殖，在印度洋、大西洋和太平洋上活动，但通常只在冷水区。然而，在寒冷的洪堡洋流的帮助下，它们有时也能到达南美洲太平洋海岸的赤道地区，甚至偶尔还会越过赤道。北太平洋的暴风鹱在很多方面介于南极暴风鹱和大西洋暴风鹱之间。实际上，北太平洋很早以前就有来自南极的暴风鹱在此繁殖，在那之后，这些暴风鹱肯定又自南极向北大西洋扩散了。

目前已知的太平洋暴风鹱的繁殖地位于千岛群岛、堪察加半岛以东的科曼多尔群岛、阿留申群岛、阿拉斯加半岛附近的塞米蒂群岛，还有白令海的普里比洛夫群岛、圣马修岛和霍尔岛，以及西伯利亚最东端的某些海角。太平洋暴风鹱常在白令海出现，一年中的大部分时间会远距离南下到北美太平洋海岸；然而 5~8 月，南至加利福尼亚州就很少能观察到它们了。

北大西洋的暴风鹱的筑巢地点在加拿大北极海域的东部岛屿及格陵兰岛、冰岛、法罗群岛、英国、扬马延岛、熊岛（挪威）、斯匹次卑尔根岛、法兰士约瑟夫地群岛和新地岛。这个范围的西部海域有很多冰，11 月和 12 月在戴维斯海峡和巴芬湾几乎就见不到它们了，而 1 月和 2 月，它们会飞离拉布拉多海岸和纽芬兰岛的大部分地区。冬天，从纽约往伦敦东向行驶的船只很难在到达纽芬兰岛大浅滩东部之前见到它们。一般来说，暴风鹱在北大西洋海域活动范围的南线，东部南至北纬 49° 或 50°，西部甚至南至北纬 41° 或 42°，在西经 50° 附近，也就是纽芬兰岛大浅滩的东南部，那是它们的最佳觅食地。在詹姆斯・费舍尔的《暴风鹱》(《新自然主义者》，1952 年）中，有地图显示了这种海鸟全年的分布情况。

在南半球海洋，这一科的典型代表是花斑鹱。与暴风鹱一样，它们也是船只的追随者，经常出现在远离陆地的海域。尽管如此，这种海鸟的大量出现通常可以指示附近有陆地存在，因为即使在非繁殖季，它们也大多聚集在距离海岸或南极冰缘不远的觅食地。花斑鹱的繁殖地在亚南极岛屿上，例如南乔治亚岛、南奥克尼群岛、南设得兰群岛、格雷厄姆地和凯尔盖朗群岛，可能还有布韦岛和克罗泽群岛。花斑鹱在远离繁殖地的南半球海域有广泛分布，会跟随寒冷的洪堡洋流北上到秘鲁北部和马克萨斯群岛。在非洲海岸，花斑鹱能到达安哥拉和莫桑比克。它们也能到达澳大利亚，但很少会越过赤道。

南半球低纬度海域的典型代表还有克岛圆尾鹱，像许多海燕一样，这种鸟身体下部是白色的。它们的筑巢地点在南太平洋的胡安－费尔南德斯群岛，以及克马德克群岛、豪勋爵岛、奥斯特拉尔群岛和土阿莫土群岛，早前还有诺福克岛。还有一种与之相似的海鸟在南大西洋的特林达迪和马丁瓦斯群岛上筑巢，常会越过赤道北上至北纬 15° 附近，可到达墨西哥海岸。在海上，单独出现的克岛圆尾鹱并不能表示附近有陆地存在，有些克岛圆尾鹱曾出现在距离胡安－费尔南德斯群岛繁殖地 210 海里的地方；但它们只在繁殖地附近才会大量聚集。

在塔斯马尼亚岛和澳大利亚南海岸之间的巴斯海峡的岛屿上，生活着一种最有趣、最重要的鹱，数量非常庞大，烟熏和腌制其幼鸟成了当地一大产业。一位经验丰富的观察者在前往这些岛屿的途中估摸看到了 1.5 亿只这种短尾鹱。在 3~11 月的非繁殖季，这种海鸟会远离陆地，特别是从西太平洋向北迁徙至西伯利亚东部和白令海时，能在阿拉斯加群岛见到很多。在 4~10 月的白令海，这种海鸟的数量非常之多。在白令海以南的东太平洋海域没有多少短尾鹱，但在加利福尼亚海岸偶尔能看到少量的这种海鸟，据说是个别的短尾鹱跟着一大群灰鹱，沿东太平洋海岸，从白令海及附近海域的冬季栖息地向新西兰和南美洲的繁殖地迁徙。

事实上，有几种鹱在南半球繁殖，并在夏季迁徙至北半球。必须强调，迁徙时，它们的出现和迁移方向无法表明陆地的远近；冬季时也是如此。这当中的一个重要物种是特里斯坦大鹱，其已知的唯一繁殖地是南大西洋的特里斯坦－达库尼亚群岛，这是世界上最孤立的岛群之一。这种鸟似乎在北大西洋度过整个夏天。5 月，它们开始到达美国东海岸外，随着数量增加，在这些鸟最爱去的地方——墨西哥湾流和拉布拉多洋流的交汇处或者纽芬兰岛大浅滩外，能看到一百多只。特里斯坦大鹱向东横穿北大西洋，通常在 6 月到达英国西海岸外。11 月，它们会从北大西洋东部的欧洲海域南下返回。实际上，在非繁殖季，这个物种在北大西洋来了个慢速的环形巡航，在环线的每个节点上，其数量的峰值会出现在特定的时间段。例如，从楠塔基特岛、科德角和新斯科舍省到北纬 51°、西经 30° 的大西洋中部的路线上，它们的数量峰值大约出现在 5 月的最后一周；在 6 月的第一周，纽芬兰岛大浅滩上的数量极多。

最早在 5 月，詹姆斯 · 费舍尔就在苏格兰以西约 300 英里的罗科尔岛见过特里斯坦大鹱。但这种鸟在英国西部的数量峰值出现在 7 月左右，之后则成为锡利群岛的常见物种，偶尔也能在康沃尔海岸见到很多。

另一个重要的物种是大西洋鹱。较之于南半球的一些同类，这个物种较少迁徙，怪异地散布在世界各地，其下有几个亚种。它们的筑巢地有新西兰、夏威夷群岛、墨西哥西海岸及附近岛屿、地中海和北大西洋。地中海和北大西洋的亚种差别很大，很容易区分。从记载来看，北大西洋亚种会从不列颠群岛越过赤道南下到南美洲东海岸。但是，当大西洋鹱不在迁徙期，它们通常停留在距离海岸 200 英里以内或至多深 100 英寻（1 英寻约为 1.8 米）的大陆架浅水区。在北半球的夏季繁殖季，离开陆上巢穴的大西洋鹱会成群地停在水面或飞行。由于这种鸟交替离巢的时间长达一周，因此这期间的活动范围仍非常广。许多在威尔士繁殖的这种鸟常在比斯开湾觅食。繁殖季结束时，地中海的这种鸟飞离直布罗陀海峡，北上最远至英吉利海峡入口。大西洋鹱在北大西洋西部的美国很少见，不确定它们是否在百慕大筑巢，但新英格兰海岸肯定是远超出了它们的活动范围。然而，从威尔士飞往波士顿的鸟，不到两周的时间就能往返大西洋。

应该再提一下鹱形目中最小的一科——鹈燕科。这一科有四种，它们生活在南半球和亚南极的较冷海域。这些超小的海鸟以虾为食，能用翅膀在水下游动。在海上，它们有时也集聚在远离巢穴、有丰富食物的地方。

鹈形目包括热带鸟科（鹲科）、军舰鸟科、鸬鹚科、鲣鸟科和鹈鹕科。这一目并不全都是海鸟，尽管肯定在海洋上进化。

热带鸟

神奇的热带鸟科包括三个成员，全都分布在热带。热带鸟对自然导航者非常有用，因为只有在靠近陆地的地方，它们才会三五成群地出现。

在夏季的百慕大海域，筑巢于此的白尾热带鸟的活动范围大约距离巢穴 60 或 70 英里，它们一大早飞往觅食地，在日落前不久返巢。这时，三五成群的白尾热带鸟的飞行方向能表明陆地的方位。世界上的三个热带海域都发现了白尾热带鸟。在大西洋，它们的繁殖地不仅有百慕大，还有巴哈马和西印度群岛的很多岛屿，可能还有圭亚那、赤道南侧的费尔南多－迪诺罗尼亚群岛、阿森松岛，以及非洲西海岸赤道附近的岛屿。它们在中、西太平洋和印度洋也有广阔的繁殖区域。在有人岛上，在那里繁殖的热带鸟有时会没有了尾羽，这些细长、美丽的羽毛常被喜欢它们的当地人拔掉了。

白尾热带鸟是马尾藻海为数不多的物种之一，尽管在除了马尾藻海西部的其他海域并不多见。在热带鸟的繁殖季（5~8 月），从这个海域去往西印度群岛或百慕大的航海者可以观察到这种鸟越聚越多。

红嘴热带鸟分布在墨西哥西部、中美洲、西印度群岛东南部、佛得角群岛、圣赫勒拿岛、阿森松岛、费尔南多－迪诺罗尼亚群岛和罗卡斯岛，其中后四个繁殖地位于赤道南侧的大西洋上。这个物种还在厄瓜多尔海岸和加拉帕戈斯群岛、红海东南端及其印度洋入口附近繁殖。

红尾热带鸟并非大西洋物种。它们在印度洋和太平洋上繁殖，包括了从马达加斯加岛到加拉帕戈斯群岛，从日本以南的大洋岛屿到夏威夷群岛、克马德克岛和澳大利亚北部的广阔海域。

军舰鸟

在所有海鸟中，奇特的军舰鸟有着相对于体重而言巨大的翼展，但却是最灵活的飞行者。军舰鸟的身体构造与其习性密不可分，它们是空中掠夺者。虽然军舰鸟是海鸟，但却离不开陆地，因此对自然导航者很有价值。如果它们在水中停留时间过长，羽毛会被水浸透。军舰鸟主要吃鱼，但却很少捕到鱼。它们通常只是等待，然后拦截捕到鱼的鲣鸟或燕鸥。当受害者出现时，它们会向上飞以获得高度和力量，然后向其俯冲过去，直到这些鸟吐出捕到的鱼，而掠夺者则在空中敏捷地接住食物。有一次日落时分，我站在一个太平洋小岛上，听到貌似飞机朝我着陆的声音，于是乎低头回避，其实是一只鲣鸟试图在被军舰鸟追上之前着陆。

区分军舰鸟的种类不太容易。世界上有五种军舰鸟，全都是热带物种，大致分布在赤道南、北 1800 英里以内的海岸和岛屿上。在美洲西海岸，它们分布在加利福尼亚州南部、秘鲁北部和智利的萨拉戈麦斯岛之间。在北至夏威夷、南至新喀里多尼亚的太平洋海域，以及北面的日本，南面的新西兰、汤加和澳大利亚北部，都有它们的身影。它们也广泛分布在印度洋的热带地区。

很少能在距离陆地 300 英里的海域发现军舰鸟。大量军舰鸟的出现肯定意味着 100 英里内有陆地。由于它们一般不会栖息在水上，所以不能在海上过夜，黄昏时的飞行方向通常朝向陆地，这非常值得留意。顺便提一下，军舰鸟的视力非常敏锐，从航海者上方高空飞过的军舰鸟很可能直接靠视力归巢。

关于军舰鸟，我举一个很好的例子来说明本章里提到的规则，即任何情况都有例外，对自然标识物的观察应尽可能多样化，综合起来才能得出结论。我记得有一位法国医生，他曾试图游过英吉利海峡但未果，后来又想靠一个木筏漂过大西洋，以求出名。他带着我之前的一本书，那本书旨在帮助第二次世界大战时在海上漂泊的人。在那本书中，我反复强调了不应依赖任何单一的自然标识物。但这位医生忽视了这些警告，仅仅通过观察一只军舰鸟来判断陆地的距离。如果他观察到的真是军舰鸟的话，那么根据其他人多年来对这种鸟的观察记载来看，他在远离陆地的地方观察到军舰鸟实属罕见。罗伯特·库什曼·墨菲在新近给我的信中就此作了说明：

> ……过去几千年里风暴带来的迷鸟或许能解释如今一些军舰鸟物种在各个热带海域的广泛分布。今天各大洋军舰鸟的差异，进一步证明了它们本质上不会远离各自的栖息地。

他进一步补充道：“在写作《南美海鸟》的准备过程中，我排除了许多关于军舰鸟出现在远海的可疑记载，我发现几乎所有这些记载都存在差错。”

鸬鹚

世界上的鸬鹚有三十余种，但并不都是海鸟，实际上只有少数几种是海鸟。鸬鹚一般属于海岸鸟，旧时被称为海渡鸦，是欧洲早期航海家用来寻找陆地的一种鸟。库克船长称他从未在离海岸超过 25 英里的地方见过鸬鹚；近年来所有鸟类观察者的经验也都证实了这个距离。因此，如果自然导航者看到了鸬鹚，就能肯定离陆地不超过 25 英里了。

除了太平洋中部的岛屿，鸬鹚在世界海域（及一些内陆水域）的活动范围非常广。总的来说，它在南半球数量更多，种类也稍多一些。在世界上最大的海鸟聚集地——智利和秘鲁的鸟粪海岸外的鸟岛群，一种特有的南美鸬鹚是那里数量最多的主导物种。

鸬鹚在远离大陆的岛屿上很罕见，尽管在加拉帕戈斯群岛上有一种不会飞的特殊鸬鹚，还有一些鸬鹚在亚南极群岛上数量庞大。

鲣鸟

鲣鸟通常是很好的陆地指标，因为它们在大洋岛屿上大量繁殖，活动范围一般不会超出深约 100 英寻的大陆架。鲣鸟科有九个成员，全都是捕鱼能手，它们会飞离陆地前往觅食地，特别是在清晨。白天它们往返于巢穴和觅食地，到了夜晚，成队的鲣鸟则带着捕获的鱼返巢喂食幼鸟。

常有其他动物出现在鲣鸟的巢穴边，因为很多鲣鸟把巢穴安在了平坦的地面甚至是灌木枝上。当入侵者出现时，成年鲣鸟和幼鸟通常会吐出刚抓到或吃到的鱼，毫无疑问这是一种威胁方式。

在现代社会，海鸟这样的习性似乎对旅行者没什么用，至少我是这么认为的，直到有一天，我所在的一艘捕鲸船在太平洋上的贝克岛翻船了。我们的队伍有五天时间没法回到船上，在那段时间里，我利用鲣鸟的反刍习性给大家找到了新鲜的鱼肉。

有六种鲣鸟分布在热带地区，有三种分布在温带地区。分布最广的可能是褐鲣鸟，它们的繁殖地在热带大西洋岛屿（不包括圣赫勒拿岛）、非洲西海岸的一些岛屿、西印度群岛，以及从墨西哥到哥伦比亚、从夏威夷到克马德克群岛、从巴士海峡到澳大利亚北部的太平洋广阔海域。它们也在热带印度洋和红海的岛屿上繁殖。

褐鲣鸟通常在距离筑巢约 30 英里的范围内觅食。有记录显示，在加勒比海，褐鲣鸟离陆地的最远距离是 120 英里。一般来说，几只褐鲣鸟出现在离巢 75 英里内的海域还是非常安全的。黎明时分这种鸟可能会飞离陆地，黄昏时返回。如果十几只或更多数量的褐鲣鸟聚集，那么肯定离陆地不超过 30 英里。

红脚鲣鸟在灌木丛中繁殖，而不是在地面上，因此它们只生活在有木本植物的岛屿上。很显然，它们从地面起飞会非常困难。尽管有这样的限制，它们在印度洋和中、西太平洋热带海域的分布比褐鲣鸟要广泛得多。但在美洲热带地区，它们的栖息地比褐鲣鸟要少。在大西洋中部，它们也在圣赫勒拿岛上繁殖，这和褐鲣鸟不同。

红脚鲣鸟大多不会离巢穴超过 25 英里，有少数的能达到 50 英里，只有极个别的能超过 75 英里，但非常罕见。

蓝脸鲣鸟与其他物种有着相似的分布，尽管它们的已知栖息地并不多。像红脚鲣鸟一样，它们并不生活在非洲西海岸的岛屿上。

以上三种鲣鸟分布最广。费舍尔和洛克利的《海鸟》(《新自然主义者》，1954 年）中有它们各自的分布图。

北大西洋鲣鸟同样很少在深约 100 英寻的大陆架以外活动，这意味着它们一般不会离海岸超过 100 英里，超出 300 英里则极其罕见。北大西洋鲣鸟在繁殖季时每天至少离巢一次，成鸟的活动范围大约距离巢穴 60~90 英里，飞行和觅食时间是五六个小时。它们有着六英尺的翼展和七磅半的体重，是北大西洋最大的海鸟。

北大西洋鲣鸟所有的栖息地都已发现；事实上，每隔 10 年，费舍尔、维弗斯、洛克利及其同事都会统计它们的巢穴数量。在 1949 年的统计中，一个栖息地在法国布列塔尼海岸外，两个在海峡群岛，一个在威尔士，三个在爱尔兰，一个在英格兰，八个在苏格兰，一个在挪威，一个在法罗群岛，五个在冰岛；而在大西洋西部，三个在圣劳伦斯湾，一个在纽芬兰岛海岸，两个在纽芬兰岛海岸外的岛屿上。在那一年，经统计大约有 10 万个巢穴。北大西洋鲣鸟的繁殖季在英国最早始于成鸟到达的 1 月或 2 月，在北美始于 3 月或 4 月。5 月开始产蛋，而幼鸟则在 9 月初离巢。幼鸟与白色的成鸟很容易区分，在成熟前的四年中会经历不同的黑羽阶段。这段时间里，它们比成鸟飞得更远，能接近非洲西海岸。在非繁殖季，北大西洋鲣鸟会进入地中海，有时甚至远至巴勒斯坦。它们偶尔也会到达美洲一侧的墨西哥湾。冬季，北美东海岸主要鲣鸟群落的分布一定程度上取决于拉布拉多洋流。简单地说，成年北大西洋鲣鸟在筑巢季能很好地指示陆地或特定岩石的方向（因为栖息地数量非常有限，因此我们通常可以用其方向来确定航线）。在非繁殖季，所有北大西洋鲣鸟，无论成鸟或幼鸟，都是大陆架的指示标识。

与北大西洋鲣鸟非常相似的是南非鲣鸟，它们的繁殖地从霍拉姆斯鸟岛到阿尔戈阿湾外的岛屿。在非繁殖季，它们会迁徙到相当远的非洲西海岸，有时还会越过赤道。

还有一位近亲是澳洲鲣鸟。每年 7 月到次年 1 月，一个亚种会在巴斯海峡及塔斯马尼亚岛周边的岛屿上繁殖；它们会在年幼时和非繁殖季分布在邻近海域，可远至澳大利亚西部的克罗茨角和昆士兰州布里斯班。还有一个亚种的活动范围则仅限于新西兰。

在 1946~1947 年的繁殖季中，对新西兰亚种的十几个栖息地（两个在南岛海岸外，其余在北岛海岸外）的统计结果显示，这一亚种的数量大约为 1.8 万 ~2.4 万对。而澳大利亚亚种可能仅有五个栖息地，数量大约有 2000 对。

鹈鹕

世界上鹈鹕有六种，其中只有一种可以被严格认为是海鸟，即美洲褐鹈鹕。其余鹈鹕，如果不在内陆，则栖息在河口或潟湖，很少会远离陆地。但是褐鹈鹕的繁殖地分布在从智利到加利福尼亚州的热带美洲太平洋海岸，以及从佛罗里达州到亚马孙的大西洋海岸。像鲣鸟一样，它们通过从高处俯冲来保护食物，但和鲣鸟不同的是，它们很少到达大陆架以外，除了在智利和秘鲁海岸外的鸟粪岛群的部分地区。通常情况下，褐鹈鹕在距离海岸 25 英里的范围内活动，任何一群飞行中的鹈鹕都可以认为是在这个距离之内。

在鸻形目中，鞘嘴鸥科、鹬科、贼鸥科、鸥科、燕鸥科和海雀科基本上是海鸟。鞘嘴鸥科包括两个与鸽类似的奇特物种，仅限于南极大陆及亚南极岛屿，很少远离栖息地，在那里它们是羞怯的掠食者和专业的清洁工。

鹬

自然界中最特别的迁徙行为之一发生在两种纤细的涉禽身上，它们夏季在北极苔原上繁殖（其举止与滨鹬很相似），冬季在广阔的洋面上度过。美洲的灰瓣蹼鹬或红瓣蹼鹬在整个北极地区繁殖，较其近亲红颈瓣蹼鹬的繁殖地更靠北（但大多数还是重叠的）。

海上航行者能见到长着冬季灰色羽翼的鹬，看似比繁殖季更温驯。灰（或红）瓣蹼鹬的南下迁徙路线部分在陆上（至少在北美大陆和西欧），但也出现在海上，特别是在北大西洋北部。我们尚未获得足够信息确定灰瓣蹼鹬精确的越冬地点。我们知道这种鸟有些能到达南非甚至新西兰，但似乎冬季大部分都集中在三个主要海域。其中一个在智利和秘鲁边界以西的洪堡洋流，另一个肯定在非洲最西端和佛得角群岛沿线，第三个位于印度洋西北部，朝向红海入口。

红颈瓣蹼鹬也会从其广泛繁殖的北极及其附近地区，从陆上或海上往南迁徙。相较于灰瓣蹼鹬，这一体形较小的物种或许更多地选择陆上路线。可以肯定的是，像灰瓣蹼鹬一样，红颈瓣蹼鹬的一个冬季聚集地是在印度洋西北部和红海的东南入口。在波斯湾、菲律宾群岛、婆罗洲、苏拉威西岛、摩鹿加群岛和新几内亚海域，也能看到越冬的这种鸟，而这些地方冬季灰瓣蹼鹬非常少见。

只有很少的红颈瓣蹼鹬会迁徙到南美及毗邻海域或非洲南部、西部。

贼鸥

贼鸥有四种，都类似海鸥，属掠食类海鸟，会远距离迁徙，常越过赤道。只有当某种贼鸥大量出现时，导航者才能推断附近有陆地。小群贼鸥能在远离陆地数百英里的地方活动，如果那里有其他海鸟的话；在那里，它们以追逐其他海鸟并强迫它们吐出食物为生。

体形最大的贼鸥是大贼鸥（北贼鸥）。与暴风鹱一样，大贼鸥也是世界上为数不多的“双极鸟”之一。这种鸟在南方繁殖，一个亚种在南极大陆筑巢，其他亚种分布在亚南极岛屿，往北还可至特里斯坦－达库尼亚群岛。这个物种也在福克兰群岛、智利和阿根廷南部、新西兰南岛及周边岛屿繁殖。

有一种特殊的大贼鸥在世界另一端的北极海域繁殖，分布在不列颠群岛北部（尤其是设得兰群岛）、法罗群岛和冰岛东南部。

大贼鸥在大洋上的活动范围很广。在太平洋上，西部北至日本，东部北至不列颠哥伦比亚省，都观察到了不同亚种的个体。还有一些进入了印度洋，最远可接近赤道。在大西洋中部也有大贼鸥，它们可能来自南方栖息地，也可能来自北方，现在还没人弄清楚广泛分布的南、北方大贼鸥的活动范围是否重叠。当然，在北大西洋，它们的活动范围很广，可以到达北美东海岸、北大西洋的大部分岛屿、巴芬岛、格陵兰岛、斯匹次卑尔根群岛和俄罗斯北海岸，有的还到达了地中海中部或波罗的海。

北极贼鸥（短尾贼鸥）的繁殖范围完全在北方，筑巢地一般在海岸或内陆数百英里适宜的沼泽和苔原地区，广泛分布于北纬 60°以北，某些情况下会南至北纬 50°，例如在堪察加半岛。它们会自繁殖地从陆上和海上长距离迁徙到接近南极大陆的岛屿。毫无疑问，这种鸟在热带海域越冬的比例很大，但肯定也有很多会远去南非、澳大利亚东南部、新西兰南岛和南美洲南部。

与北极贼鸥相比，中贼鸥的繁殖地更靠北，数量也更少。没有证据表明它们能像北极贼鸥那样如此靠南，迄今为止还没人在南美洲南部或南极大陆附近观察到它们。当然，很多这种鸟在非洲西海岸赤道北侧海域越冬，有一些也到达澳大利亚东南部和新西兰。

体形最小的贼鸥是长尾贼鸥，也在北极地区繁殖。它们自陆上和海上迁徙，似乎不在日本以外的亚洲或大洋洲越冬；但有记载它们出现在热带大西洋、非洲西部和南美洲。长尾贼鸥真正的越冬地点至今仍是一个谜。

海鸥

世界上有 42 种海鸥。我原本想把这一段命名为“海”鸥，因为大约有一半的海鸥（包括个体和物种）很少见到海洋，有些根本就见不到海。

事实上，海鸥主要是海岸鸟。在所有海鸥中，只有两种真正生活在海上，也就是三趾鸥。或许应该把其他海鸥称为“海岸”鸥。

大多数海岸鸥在海滩或内陆觅食，以海藻、软体动物、海星、海胆和甲壳纲动物为食。作为退潮时的觅食者，它们是了不起的机会主义拾荒者，一定程度上也是掠食者。它们会骚扰其他海鸟的领地，掠取可以得到的任何东西（鸟蛋或幼鸟，如果可能的话）。有些种类的海鸥已经成了世界沿海捕捞业的寄生物，围绕着腌鱼码头和拖网渔船，觅食残渣弃物。通常情况下，没有海鸥会出现在离海岸50英里外，尽管有些物种偶尔会在离海岸50英里外的大陆架边缘觅食。多数例外都发生在海鸥跟随船只尤其是拖网渔船时。确实，各国在北大西洋和北极海域作业的大多数拖网渔船的后面都尾随着海鸥（在某些地区还会有很多暴风鹱）。大多数海鸥会在班轮远离陆地前离开船，回到岸上继续充当拾荒者。但有时它们也会一直跟着拖网渔船，常有海鸥跟随弗利特伍德号和米尔福德·海文号拖网渔船，穿过爱尔兰海北口，到达离罗科尔岛海岸250~300英里的地方。詹姆斯·费舍尔就曾在罗科尔岛看到过黑头渔鸥，而这种鸟是所有英国海鸥中最内陆性的，没有强大的刺激不会远离陆地。

北半球最常见的海鸥是银鸥，尽管在西欧的部分地区，它的近亲小黑背鸥几乎也同样普遍。银鸥在海岸上分布很广，有些也分布在北温带的内陆河湖地区和北极周边所有的亚北极陆地上。它们会在秋天迁徙，但不像小黑背鸥那么远，只在沿海地区四处寻找新的栖息地。

许多大型亮头海鸥有着深色的背部和翅膀。南方黑背鸥是南半球唯一的黑背、白尾大型海鸥，背部比其他海鸥更黑。它们的繁殖地有南美洲南部、南非、新西兰、特里斯坦–达库尼亚群岛和戈夫岛，以及环绕南极大陆的所有亚南极岛链。

世界上大约一半的海鸥在繁殖季时是黑顶的，至少头部是巧克力色或黑色的。一个典型例子是漂亮的北美笑鸥，它们的繁殖地在中美洲、加勒比地区，西面北至南加利福尼亚，东面北至新英格兰，而秋冬季则往南至巴西和秘鲁北部海岸。

南半球典型的留鸟型海岸鸥是澳洲银鸥，分布在北至南纬 30° 的南非海岸，在新喀里多尼亚、澳洲大陆和塔斯马尼亚岛、新西兰及其周边海岛如查塔姆群岛和奥克兰群岛也很常见。

如前所述，真正属于海鸟的海鸥只有三趾鸥。三趾鸥有两种，其中红腿三趾鸥非常罕见，据说仅在白令海的三个小岛上繁殖。但是，普通的三趾鸥（黑腿）的繁殖地广泛分布在北太平洋、北大西洋及邻近的北极地区。事实上，三趾鸥的繁殖范围能延伸至最北的北极岛屿，说明这个物种进化得非常成功。它们在大西洋的繁殖范围，西部南至圣劳伦斯湾，东部南至布列塔尼。它们在太平洋的繁殖范围往南不会越过西阿拉斯加和千岛群岛。

关于三趾鸥的海上分布及其生命周期还有很多东西要研究。毫无疑问，从 6 月中旬到 8 月中旬，三趾鸥在大西洋中部几乎看不到。冬季，三趾鸥自由翱翔在北大西洋上空，相较暴风鹱能到达更靠南的地方，有一些甚至偶尔会到达北纬 24°。一年中的任何时候，在北纬 40°~50° 的东、西大西洋海岸，这种鸟都很常见。

燕鸥（及剪嘴鸥）

世界上有 39 种燕鸥，还有三种剪嘴鸥与之接近。燕鸥比海鸥更小，体形更像燕子；这一科海鸟并不难识别。它们的繁殖范围很广，有时在热带更是如此。南、北两极之间都能发现燕鸥的身影。特别地，北极燕鸥的迁徙距离是海鸟中最长的。

在我看来，所有海鸟中最漂亮的是白燕鸥，其外观为优雅的流线型。1935 年，我在夏威夷群岛以南 1100 英里的巴尔米拉环礁第一次看到这种热带燕鸥。这些可爱的生物非常温顺，当我试图拍摄它们时，它们就在我头上盘旋，离得很近，能拍到清晰的快照。白燕鸥在灌木丛和树上栖息，但并不筑巢。它们只是把蛋放在圆形的树枝上，用自制的黏性混合物固定住。

白燕鸥很少在离海岸 40 英里外的地方活动，因此是有用的陆地指标。当航海者看见几只成群的白燕鸥，就能确定与陆地的最远距离了。

白燕鸥的繁殖地有南大西洋赤道南侧的岛屿（费尔南多 – 迪诺罗尼亚群岛、特林达迪和马丁瓦斯群岛、阿森松岛和圣赫勒拿岛）、印度洋的塞舌尔群岛，以及太平洋上北至莱桑岛、南至克马德克群岛的诸多岛屿。

或许最典型的热带燕鸥当数数量最多的乌燕鸥。它们的活动范围比白燕鸥更大，在海上看到它们绝不是附近有陆地的可靠指标。较之于白燕鸥，乌燕鸥更具冒险精神，飞离海岸更远。这两个物种的海上分布还有很多东西尚待发现。无论在繁殖季与否，这两个物种的活动范围几乎只在南、北回归线之间的热带地区，虽然在北回归线稍北一点、佛罗里达海岸外的干龟群岛也有繁殖，那里也是美国热带海鸟的唯一栖息地。不同地方的乌燕鸥的繁殖季差异很大，在阿森松岛，繁殖季并非一年一次，而是约 10 个月为一间隔。

北极燕鸥是典型的黑顶燕鸥，数量多。有证据表明，在格陵兰岛西部孵化的北极燕鸥能前往好望角，在当年秋天到达南非东海岸的纳塔尔，海上飞行距离超过 1.1 万英里。北极燕鸥的繁殖地从北温带和亚北极地区延伸到北极高纬度地区。许多燕鸥会从这些高纬度地区一路迁徙到南极大陆，其中大西洋路线上的燕鸥会从美洲北极地区，自西北往东南，对角线飞越北大西洋，到达非洲西海岸。因此，迁徙时的北极燕鸥不能作为附近有陆地的标志。

一般来说，水上很少看到燕鸥，因为它们并不擅长游泳。它们喜欢在鱼和甲壳纲动物的聚集地上空盘旋，然后快速冲向水面（或略微水下）捕食。没人见过在北大西洋长距离迁徙的北极燕鸥停留在水面，但海上的燕鸥有时会在浮木或船只上停留。

世界上有三种神奇的剪嘴鸥，很难被称作海鸟。它们通常生活在热带的河口或潟湖及河湖等淡水水域。它们偶尔会在海岸外的浅水域觅食，但据我所知，从不去看不见陆地的水域。剪嘴鸥会在水上飞来飞去，用它们奇特、细长的下颌在水上“犁”出一道道水纹。人们普遍认为它们在以这种方式觅食，但罗伯特·库什曼·墨菲指出，剪嘴鸥的喙这时通常是闭合的。他认为剪嘴鸥用鲜红色的喙“犁”出水纹是要把小鱼引诱到水面，然后冲过去捕捉它们。

海雀

这里介绍的最后一科海鸟无疑起源于北太平洋，可能是白令海，在那里，海雀演化出了今日的多样性。海雀本质上是海鸟，能在水面和水下飞行，会用翅膀熟练游泳，速度接近但不及企鹅。

总的来说，海雀科的所有成员——海鹦、海鸽、海鸦和海雀，它们的活动范围是从巢穴到大陆架边缘，很少离海岸超过 70 英里，除非大陆架延伸得很远。它们很少出现在深水域或大洋中部。

海雀科中现有种类最多的是海鹦。太平洋的簇羽海鹦分布在从白令海到加利福尼亚州的广大地区，为美国西海岸的多数访客所熟悉。在太平洋还发现了一种漂亮的角海鹦，与北大西洋海鹦相似。虽然海鹦像大多数其他海雀一样，很少在大陆架外活动，但有些个体也常会飞越苏格兰大陆架和遥远的罗科尔岛之间的深水海域，还有一些甚至能横跨大西洋。因此，不能仅靠几只海鹦来判断陆地的远近和方向。

大西洋海鹦冬季会向南长途迁徙，那时相当多的这种鸟不仅能到达加那利群岛，还能到达亚速尔群岛，至少飞越了半个大西洋，在此期间，它们在水中游的距离和飞行距离可能同样远。

海鸦属的两个物种数量很多，它们在北太平洋、北大西洋和北冰洋部分地区都有分布，尽管北极海鸦在繁殖季会出现在更高纬度。我之所以使用北极海鸦的称谓，是为了避免混淆，因为这个物种（厚嘴崖海鸦）在大西洋被称为布朗里奇海鸦，而在太平洋又被称为帕拉斯海鸦；而与之相似的更靠南的普通崖海鸦在太平洋则被称为加利福尼亚海鸦。这两种海鸦的活动范围通常都在大陆架内。冬季，北极海鸦可能会向深海活动。在大陆架超常延伸的地方，例如大浅滩东南边缘，这两种海鸦（但主要是北极海鸦）有时数量很多。夏季，偶尔会有很多北极海鸦出现在格陵兰岛南端以东 150 英里的深水域。但通常情况下，在非繁殖季，这两个物种生活在海岸上，在大陆架上深潜捕鱼。

在大西洋两岸，海雀在各地的叫法也存在混淆。在美国，“海鸽”几乎只用于描述白翅斑海鸽（在太平洋地区被称为海鸽）。这种在北极和亚北极广泛分布的物种实际上是一种留鸟型海岸鸟，即使在冬季的北极地区也不远离繁殖地，在那里它们能在浮冰之中找到食物。自然导航者应观察这种鸟的羽毛在冬夏的特征和变化，这是非常有用的陆地指标。它们在浅水区觅食，几乎不迁徙，成对或小群地过着自给自足的生活，从未有大规模鸟群出现。

与白翅斑海鸽相反，大西洋的海雀科中飞离陆地最远的也许是体形最小的小海雀。它们在北极高纬度地区繁殖，只在冬季南下到浮冰边缘，个别的还会进入更南的海域。有趣的是，较之于海岸，这种鸟通常更多出现在大洋中部的浮冰边缘（特别是在冬季）。

在太平洋，这种小海雀有很多相似物种，它们也是以浮游生物（主要是甲壳纲动物）为食。凤头海雀和白腹海鹦通常不会大量出现在大陆架外，在非繁殖季，它们会选择海岸或“跳岛”路线。

海雀家族中体形最小的是太平洋的小海雀。像凤头海雀和白腹海鹦一样，它们在白令海及其周边繁殖，那里是海雀的家。冬季，这种鸟飞离白令海，沿海岸可远至鄂霍次克海及琉球群岛；在北太平洋美洲海岸，可远至华盛顿州。

表 21.2 海鸟的陆地指示作用

附录1海鸟的图号	海鸟名称	页码	一年中的时间段	一次可目击的数量	合理的推定
I	漂泊信天翁、乌信天翁和其他南方信天翁	148	任何月	任何数量	可能远离陆地
I	黑脚信天翁和黑背信天翁	148	4~10月	任何数量	可能远离陆地
			11~3月	12只或更多	距离繁殖地100英里以内
I	克岛圆尾鹱	152	任何月	6只或更少	可能远离陆地
				数量在增加	显示接近陆地。黎明和黄昏的飞行方向显示了陆地的方位。
I	短尾鹱	152	11~3月	6只或更多	距离繁殖地100英里以内。黎明和黄昏的飞行方向显示了陆地的方位；数量增加显示在接近陆地。
			4~10月	任何数量	可能远离陆地
I	暴风鹱	150	北方的夏季	6只或更少	可能远离陆地
			北方的冬季（整个大西洋）	任何数量	可能远离陆地
			全年	数量在增加	显示接近陆地
V	花斑鹱	151	任何月	任何数量	可能远离陆地
				数量在增加	显示接近陆地
II	北大西洋鲣鸟、澳洲鲣鸟和南非鲣鸟	160~161	任何月	特殊情况下会单只出现	距离陆地至多300英里
				3只或更多	距离陆地至多100英里

续表

附录1海鸟的图号	海鸟名称	页码	一年中的时间段	一次可目击的数量	合理的推定
II	红脚鲣鸟	159	任何月	3只或更多	距离陆地75英里以内
				6只或更多	距离陆地50英里以内
				12只或更多	距离陆地25英里以内
II	蓝脸鲣鸟	159	任何月	3只或更多	距离陆地75英里以内
				6只或更多	距离陆地50英里以内
				12只或更多	距离陆地25英里以内
II	褐鲣鸟	159	任何月	1只（仅在加勒比海记录到一例）	距离陆地120英里
				3只或更多	距离陆地75英里
				6只或更多	距离陆地通常30英里以内
II	热带鸟（红尾、红嘴、白尾）	155	任何月	1或2只	可能远离陆地
				3只或更多	距离陆地60~80英里
III	军舰鸟	156	任何月	3只或更多	距离陆地100英里
				6只或更多	距离陆地75英里以内。从不睡在水上，因此黄昏时即使一只鸟的飞行方向通常也是陆地指标。
III	鸬鹚	157	任何月	任何数量	距离陆地至多25英里
III	企鹅	147	任何月	任何数量	除繁殖季外，可能全年远离陆地
				数量在增加	显示接近繁殖地

续表

附录1海鸟的图号	海鸟名称	页码	一年中的时间段	一次可目击的数量	合理的推定
III	褐鹈鹕或其他鹈鹕	161	任何月	1只以上	距离陆地至多25英里，通常更近
				数量在增加	显示接近陆地
III	大贼鸥	163	南、北半球的夏季	数量在增加	显示接近陆地
			南、北半球的冬季	任何数量	可能远离陆地
III	其他贼鸥	164	10~5月	任何数量	远离陆地
			6~9月	任何数量	距离陆地很近（北极圈以北）
IV	银鸥和其他海鸥（除三趾鸥）	165~166	任何月	3只或更多	距离陆地50英里（或者深度100英寻的海域内）
				数量在增加	显示接近陆地
IV	三趾鸥	166	4~7月	6只或更多	距离海岸50英里以内
			8~3月	任何数量	可能在远海
IV	黑剪嘴鸥	168	任何月	1只或更多	距离陆地25英里以内
IV	白燕鸥	167	任何月	1只或更多	距离陆地40英里以内
IV	北极燕鸥	168	5~7月	6只或更多	距离海岸100英里以内（北极）
			12~2月	6只或更多	距离海岸100英里以内（南方及南极）
			其余时间	任何数量	可能在远海
IV	燕鸥和乌燕鸥等（除白燕鸥）	167	任何月	任何数量	可能在远海

续表

附录1海鸟的图号	海鸟名称	页码	一年中的时间段	一次可目击的数量	合理的推定
V	鹈燕	154	7~11月	6只或更多	距离陆地75英里以内
			其余时间	任何数量	可能在远海
V	南半球海燕	149	12~2月	6只或更多	距离陆地75英里以内
			其余时间	任何数量	可能在远海
V	北半球海燕	149	6~8月	6只或更多	距离陆地75英里以内
			其余时间	任何数量	可能在远海
V	特里斯坦大鹱	153	10月初到5月中旬	6只或更多	距离陆地100英里
			其余时间	任何数量	可能在远海
				如数量较多	接近海岸
				如数量较少	远离海岸
V	大西洋鹱	153	4~8月	3只或更多	距离陆地200英里以内
				12只或更多	距离陆地100英里以内。黎明和黄昏的飞行方向显示了陆地的方位。
			9~3月	数量在增加	显示接近陆地
V	其他南半球鹱（除短尾鹱）	153~154	12~2月	3只或更多	距离陆地200英里以内
				12只或更多	距离陆地100英里以内。黎明和黄昏的飞行方向显示了陆地的方位。
			其余时间	任何数量	可能远离陆地

续表

附录1海鸟的图号	海鸟名称	页码	一年中的时间段	一次可目击的数量	合理的推定
V	乌叉尾海燕	149	1月	6只或更多	距离陆地100英里
			其余时间	3只或更少	距离海岸可能200英里以上
V	灰瓣蹼鹬或红颈瓣蹼鹬	162	6~7月	3只或更多	距离陆地75英里
			8~11月	任何数量	可能远离陆地（迁徙中）
			2~5月	任何数量	可能远离陆地（迁徙中）
			12~1月	3只或更多	距离陆地75英里
V	簇羽海鹦、角海鹦、大西洋海鹦和崖海鸦	169	任何月	3只或更多	距离陆地150英里之内。黎明和黄昏的飞行方向显示了陆地的方位。
				6只或更多	距离陆地70英里。黎明和黄昏的飞行方向显示了陆地的方位。
V	北极海鸦（布朗里奇海鸦或帕拉斯海鸦，类似崖海鸦）	169	5~6月	任何数量	距离陆地至多220英里（大西洋）。在大浅滩会更远。
			任何月	数量在增加	显示接近陆地
V	白翅斑海鸽和海雀	170	任何月	1只或更多	距离陆地50英里
				6只或更多	距离陆地25英里

第22章 月亮能告诉你什么

很多人都可能赶夜路，例如渔夫、伐木工或者露营者和徒步越野者。这些人或自然导航者会发现月亮是有效的指引，能给出方向和时间，还能照明。在一个月的大多数时间里，任何人都能在晴朗的夜晚出行，有信心通过月亮找到路。

月亮本身不发光，只是反射太阳光和（极少的）其他天体的光。因此，月亮有光的那一面始终朝向太阳，能显示太阳的位置，即使太阳落山后也如此。新月或残月两个角的连线总是或多或少地指向北或南。过这条线中点的垂线会从有光的一侧指向太阳，无论它在地平线上还是地平线下。

只有在特定的地点和时间，太阳才会在正东方升起，正西方落下。但是，如果观察者知道日落或日出的准确方向和时间，或者能从本书下一章找出答案，就能从月亮获得相当准确的方向信息。

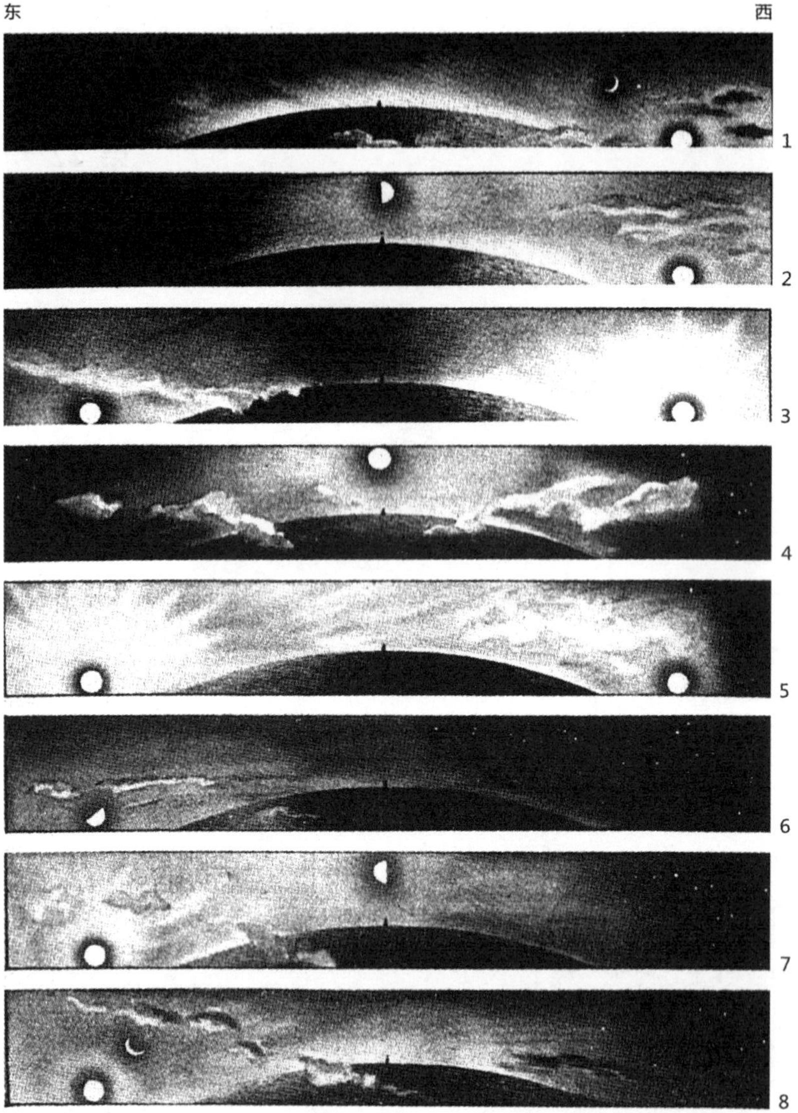

图 22.1　1. 新月通常紧随太阳 2. 上弦月在日落时位于最高点（南或北） 3. 满月通常在日落时升起 4. 满月通常在午夜位于最高点（南或北） 5. 满月通常在日出时落下 6. 下弦月通常在午夜升起 7. 下弦月在日出时位于最高点（南或北） 8. 残月在日出前的黎明时分升起

满月总是在太阳的正对面，日落时升起，午夜达到最高点，第二天日出时落下。月龄一周的上弦月在太阳位于最高点也就是正午时升起，在日落时达到它的最高点。月龄三周的下弦月在午夜升起，在日出时达到最高点。

重要的是记住月出和月落的时间平均每天会晚 50 分钟。

月龄直接对应着月亮发亮区域的形状和大小。月亮需要七天多一点的时间从最细的新月变成完美的半月，再过七天多，完全满月，然后再过七天多，又变成半月，在大约二十九天半的完整周期结束时，会再次缩小成新月。有必要列出月龄的如下对应关系：

新月是每月的第 0 天

上弦月是第 7 天

满月是第 15 天

下弦月是第 22 天

新月是第 30 天

熟悉月相的观察者在到达不同纬度时通常会惊讶地发现月亮总是斜挂在半空。对北半球的人来说，所有天体都在南面升起和落下，月亮也不例外。

然而，打算夜间出行的自然导航者对月亮的这种变化并没有特别兴趣，而是需要预测月出时间、月亮大小，以及能看到月光的时间段。正如后面将会看到的，记住足够多的信息来做出预测其实很容易。

举例来说，假设要确定 1956 年 8 月 16 日的月龄，我们只需要一个信息，也就是这之前某一日期的月龄。我们已知 1955 年 3 月 1

日的月龄是 7 天，整个计算都将基于这一数据。

对于 1955 年 3 月 1 日的一年后，可以用这个数字（7）加上 11。如果这两个数字之和大于 30，就再减去 30。因此，1956 年 3 月 1 日的月龄是 18 天。

对于 3 月后的每个月，包括要计算的当月（本例中为 8 月），逐月增加一天。对于当月要计算的日期，再逐日增加一天。如果总和大于 30，便再减去 30。

这样就得出了 1956 年 8 月 16 日的月龄如下：

18 天（1956 年 3 月 1 日）

加 5 天（四月、五月、六月、七月、八月）

加 16 天（日期是 8 月 16 日）

等于 39

减去 30

因此月龄是 9 天

这个计算看似有点复杂。然而从计算过程知道，只要记住前一个 3 月 1 日的月龄，以及 11 和 30 这两个数字就足够了。

通过计算，我们得知 1956 年 8 月 16 日的月龄是 9 天，由此可以预测月光的亮度。月龄九天的月亮比上弦月晚两天，因此，只要天空晴朗，月亮会特别明亮。我们也能很容易计算出有月光的时间段。当太阳在头顶时，上弦月升起；当日落时，上弦月达到最高点。由于月出时间平均每天会晚 50 分钟，那么在上弦月的后两天，月亮会在下午 1:40 左右升起，在晚上 7:52 左右到达最高点。

接下来假设要在旅途中确定当地大致时间。当我们看见月亮过了最高点，位于最高点和地平线上的落下点之间的中间位置时，那么现在的时间是月亮到达最高点的三小时后。既然月亮在晚上 7:52 达到最高点，那么当地时间大约是晚上 11 点。

如果可以选择夜晚出行的出发日期的话，你会很自然地选择满月时，因为这时月光最为明亮，且能整晚受益于它。

当没有潮汐表时，如果要确定当地海水的高、低潮时间，下面的方法通常是正确的。无论通过观察还是询问，先确定所在地月出与高、低潮之间的时间差。在任何确定地点，这个时间差是不变的。因此，通过观察月亮的位置，就能知道月亮升起了多久以及任何时刻的潮汐。

写作这部分时，我碰巧在斐济的卡塔范阿岛。在那里，海水高潮的时间恰好与月出和月落时间吻合；当月亮位于最高点时，则是海水低潮。这只是一个巧合，我再次强调，世界上有的地方情况可能会正相反。月出与高、低潮之间会有一个固定的时间差，时间差一旦确定，在任何地方都将保持不变。

当时岛上有一位朋友非常渴望在白天退潮时钓鱼，并且我们都想在夜晚去礁石上捕捉小龙虾。这种小龙虾在有的地方被称为刺龙虾，为了抓到它，需要晚上没月亮，还得赶上退潮。

因此，我需要知道月亮大小、什么时候退潮能捕捞小龙虾，以及白天钓鱼的退潮时间。

这里要解释一下，在世界上大多数地方，每天有四次潮汐，两次高潮和两次低潮，相隔约六小时。但实际上大约相隔 6 小时 12 分，因为同次潮汐相比前一天平均会晚 50 分钟，这使得一天中每次潮汐大约会晚 12 分钟。在卡塔范阿岛，高潮时对应着月出或月落，当月亮位于最高点时则对应着低潮。在这个例子中，高、低潮的大致时间计算如下：

日期是 1955 年 3 月 21 日。

按前面的方法，月亮在 1955 年 3 月 1 日的月龄是 7 天，3 月 21 日需要增加 21 天，因此 1955 年 3 月 21 日的月龄是 28 天。

这是新月的前两天（新月月龄 30 天）。

因为月出时间平均每天会晚 50 分钟，那么两天就是 1 小时 40 分（2 × 50=100 分钟）。

新月在早上 6 点升起。

因此，3 月 21 日月亮的升起时间是早上 4:20，较新月提前了 1 小时 40 分。这也是涨潮时间。

那么上午的退潮是在 6 小时 12 分之后，也就是上午 10:32（去钓鱼）。

下午的涨潮是在下午 4:44（记住，每次潮汐大约会晚 12 分钟）。

晚上退潮是在晚上 10:56（去捕捉小龙虾）。

通过这些计算我们知道，到礁石上捕捉小龙虾的完美时间是晚上 11 点，而且这时没有月亮。在漆黑的夜晚，汽油灯能让小龙虾暂时失明，皮手套则能保护我们的双手，我们捕获的小龙虾超过 24 只，平均每只 1.5 磅，相当美味。

第 23 章
利用太阳找方向

如果鸟和其他动物会说话，它们会说是太阳提供了一种比其他任何标识物都更便捷的方法来指明方向。自然导航最简单和最基本的方法就是利用太阳：把太阳（或影子）的方向与要寻路的方向或地平线上的南北西东联系起来。

当然，日落后的一段时间里，西方地平线附近的天空比其他区域更明亮；而在清晨，东方天空则会更明亮。然而，这只会让你对东、西有一个大致概念，因为一年中太阳仅有几次会在正东方升起、正西方落下。

就你所在的纬度而言，如果正午的太阳在你的北面，那么日出的位置会东偏北，日落的位置会西偏北。如果正午的太阳在你的南面，日出的位置会东偏南，日落的位置会西偏南。当太阳在正午达到最高点时，它的方向就是正南或正北。

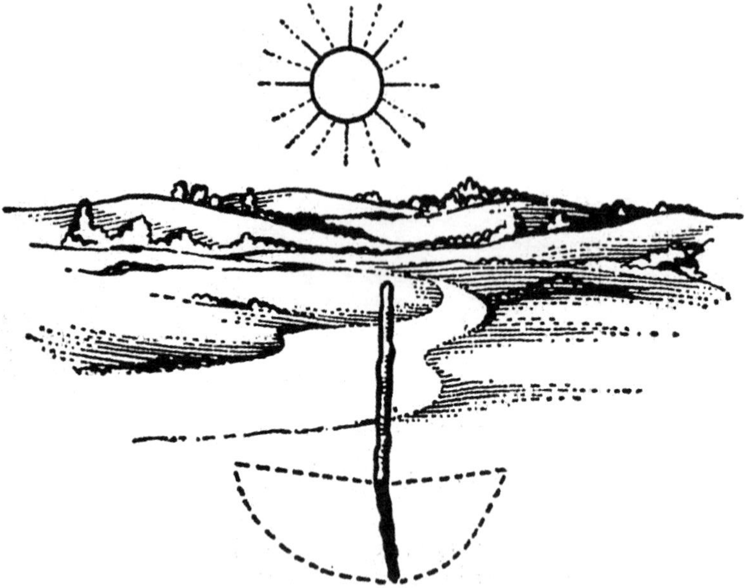

图 23.1　因时因地，当正午的木棍影子指向北或南时，影子最短。

在北极和南极地区，太阳可能一直在地平线上，这种情况下，当太阳位于最低点时，它的方向是正北（北半球）或正南（南半球）。

即使在阴天也能找到太阳的方向，方法是将刀片立在大拇指指甲盖上或一张白纸上，当刀片旋转时，影子会显示出太阳的方向。

在使用太阳或影子作为参考点以保持直线行走时，需要知道，在多数纬度上，太阳的移动速度是平均每小时 15°。

为了更高的准确度，附录 3 给出了太阳方向的简单表格。这些表格涵盖了一年中的所有时间，范围从北纬 60° 到南纬 50°。

我提供的表格误差仅在 5° 以内，大于步行越野所需的准确度。

需要记住，对 60 英里的步行长度来说，1° 的误差是一英里，因此，偏离路线一侧 5° 相当于偏离了目的地五英里。

建议出发前把所在地的太阳方向表进行备份，随身携带。为了说明如何使用这些表格，这里举一个例子。

假设我们位于英格兰的考文垂附近。从地图上可以看到，附录 3 的表格中最接近它的纬度是北纬 52.5°。现在是 8 月 10 日，上午

表 23.1　北纬 52.5° 的太阳方向表

距离正午的小时数	→3月21日	3月31日	4月11日	4月22日	5月1日	5月12日	5月26日	6月10日
	9月23日	9月13日	9月2日	8月22日	8月12日	8月2日	7月19日	7月3日←
0	180	180	180	180	180	180	180	180
1	161	160	159	158	157	155	154	153
2	144	142	140	138	136	134	132	131
3	128	126	124	121	119	117	115	113
4	115	112	110	107	105	103	101	99
5	102	99	97	94	92	90	88	87
6	90	88	85	83	81	79	77	75
7				71	69	67	66	64
8							54	53
日出和日落	90°	83°	77°	70°	65°	59°	54°	50°

距离正午的小时数	→9月23日	10月4日	10月14日	10月25日	11月3日	11月14日	11月27日	12月11日
	3月21日	3月11日	3月1日	2月18日	2月9日	1月29日	1月16日	1月2日←
0	180	180	180	180	180	180	180	180
1	161	162	163	164	164	165	165	166
2	144	146	147	149	150	151	151	152
3	128	130	132	134	136	137	138	139
4	115	117	119	121	123	124	126	
5	102	104	107					
6	90							
日出和日落	90°	97°	103°	110°	115°	121°	126°	130°

正午前，从北往东读取角度；正午后，从北往西读取角度

10 点。那么太阳的方向是什么？为了使计算更清晰，下面列出北纬 52.5° 的太阳方向表。

左栏栏头是“距离正午的小时数”，正午前和正午后同样适用，这使得表格大小减小了一半。午前一小时和午后一小时太阳偏离正北的角度值是相同的，只是方向不同。

上午 10 点距离正午有两小时。从“2”水平向右，找到 8 月 12 日，这是最接近 8 月 10 日的日期，有足够的准确度。对于这个日期和时间，太阳的角度是 136°。因为是上午，因此从北往东测量。

如今，把地平线分作 360° 的做法被普遍采纳。为了确定太阳在南偏东方向的角度值，用 180° 减去 136° 得到 44°，因此太阳位于南偏东 44°。

还有一种确定南北的方法常有人用到，尤其是那些年轻的探险者，那就是使用手表，但这种方法并不推荐。如果你没听说过它，那么把手表水平放置，设定为当地时间，把时针指向太阳。在北半球，时针和 12 点之间的中间线被认为指向南；在南半球，这条线被认为指向北。

刺破幻觉当然令人遗憾，但这里有必要如此，因为这种方法简单好用，可能让人对它的准确度产生极其错误的认知。在某些时间、某些地点，使用手表是正确的；但在有些时间和地点则可能出现严重错误。很难理解一种误差或高达 24° 的方法竟如此普遍地被认为是可靠的。

在南、北纬 40°~60° 之间的区域，在一年中的某些时间，通过这种方法得到的结果接近正确。但即使在这些纬度上，必要的修正也会使得这种方法过于复杂，并不实用。无须修正的时间只有 3 月 21 日和 9 月 23 日的日出和日落时，以及太阳位于正北或正南的任何地点、任意一天的正午，但前提条件是你的手表指示的当地时间碰巧非常准。当然，这种手表方法在北极或南极附近完全不切实际，因为越接近极点，东西方向上的当地时间的变化就会越频繁。

第 24 章

利用恒星找方向

在晴朗的夜晚，恒星提供了一种最有用的方式来辨识方向。如果能像波利尼西亚人一样，把头顶上的星空视作一个巨大的半壳，上面撒满了亮点，我们就会看到这些亮点，或者说恒星，像是在一个固定轴上旋转。恒星之间保持着固定的位置关系，夜复一夜，总在同样的地方出现，但每天会提前四分钟左右。

我们看到，恒星每天在东方地平线上的同一地点升起，在西方地平线上的同一地点落下。如果在北半球面朝南，我们会发现恒星在南偏东方向的地平线上升起，在南面稍作爬升至最高点，然后在南偏西方向落下。

转过身面朝北，我们发现有很多恒星整晚可见，围绕着一个固定点——北极星——旋转，依据它们距离这个点的远近画出大小不同的圆圈。

与每天都会在南北方向上波动的太阳和月亮不同，恒星有着稳定的运动模式，只要考虑了它们向西运动的时间属性，就能将其用作极好的参照点。

为了识别夜空中可见的主要恒星，早期人类将它们分成了若干组，只需稍加想象，就能联想到人或动物的形状，包括鸟、鱼等，然后相应地命名了这些星座。其中的一些图像，需要用更有想象力的方式去观察。

这样，你就不会迷失在迷宫般的星图中，这些恒星乍看起来都很相似。辨识主要的星座图像非常有用，天空中最亮的那些恒星就在其中。通过与邻近星座中恒星的方向和位置关系，就能识别其他任何恒星。

在附录 2 的星图中，主要星座的显示方式是：如果沿着虚线在大脑中勾画出这些图像，那么恒星之间的虚拟关系能帮助你识别它们。

除了通过星座图像来识别恒星，知道某些恒星的颜色也非常有用，哪怕天空其他部分被云层遮挡。如果再考虑了恒星在天空中的位置，情况就更是如此。一些恒星的颜色区别如下：

心宿二、毕宿五、参宿四：浅红色

大角星、南河三、北河三：淡黄色

织女星、牛郎星：青白色

五车二、老人星、天狼星及其他很多恒星：亮白色

附录 2 的星图包括了天空各区域和南、北天极附近的恒星。在地平线上围绕天极完整旋转的恒星被称为拱极星，能看见哪些拱极星取决于你离赤道有多远。南、北天极附近的星图对定向很有价值。

观察星空时，你会在天空各部看到非常明亮的类似恒星的星体，但它们不能与恒星混淆。这些是行星，其中很亮的四颗是金星、火星、木星和土星。除非能识别这些行星，否则，试图在星图上找到它们会让你困惑不已。它们并没在星图上显示，因为它们的运动方式与恒星不同。在没有复杂图表的情况下，追踪行星的位置非常难。

为了避免混淆行星与恒星，以下几点或许有用：

在海平面上，恒星通常会闪烁，而行星持续发光。

所有行星都在南、北纬 30° 之间的地表上方。

明亮的金星总是离太阳很近，无论在前还是在后，夹角都不会超过 47° 或者说三小时。这意味着金星总在日出或日落前后被看到。如果知道去哪里找金星，那就常常能在整个白昼里见到它。

火星可以通过颜色来识别，它是红色的。

辨识这些行星最好的方法是每晚观察它们相对于周围恒星的位置变化。

在北半球的晴朗夜晚，找到北的最简单方法就是通过北极星。附录 2 的星图 I 可以帮助你定位这颗恒星。如果看不到或不认识北极星，那就在天空中寻找一个点，恒星围绕着这个点小半径旋转，那就是北。

以下是寻找北极星的四种方法：

参见星图 I。寻找大熊座北斗七星中的两个“指针”——北斗二（天璇）和北斗一（天枢），从它们的中间点开始，经过北斗一，两倍于拇指和中指成 15° 夹角时的跨度，就是北极星的位置。对正常人而言，尽可能伸展手臂，手指自然分开，这时拇指和中指的夹角大约就是 15°。

在大角星到北斗七（瑶光）的延长线上，从北斗七开始，三倍于以上 15° 跨度，就是北极星的位置。

从仙后座的阁道三开始，往北斗六（开阳，位于北斗七星的“把手”）方向，两倍于以上 15° 跨度的位置也能找到北极星。仙后座看起来像一个“W”，“W”中间的高点指向北极星，两倍于以上 15° 跨度的位置同样能找到北极星。

在晴朗的星空，通过观察恒星突然出现在地平线上的位置能粗略辨别东方地平线，通过恒星从地平线上落下的位置能粗略辨别西方地平线。在地平线的这些位置上，恒星的运动最容易被观察到。

在北半球，你能利用恒星来确定正南向，即使不能识别它们中的任何一颗，方法是找到低处的恒星几乎在水平右移的地平线方向。你无须花很长时间就能辨识恒星的运动方向，可以将这些恒星的中间位置视作南。

同样，在南半球，北方地平线上低处的恒星也在近乎水平地移动。如果是晴朗的夜晚，能很容易地用这种方式找到北。

在南十字座附近（参见星图 II），你会看到两颗“指针”式的半人马座亮星（南门二和马腹一）。从南十字座和临近“指针”（马腹一）之间选一个点，往水委一方向，此直线距离的一半，正好也两倍于拇指和中指成 15° 夹角时的跨度，就是南天极的位置。在南半球和北纬 25° 以南的任何地方都能看到南十字座。

当你靠近赤道时，方向的最佳指示来自地平线的东、西两点，恒星在正东方垂直升起，划过头顶后，在西方地平线直接落下。在地平线的其他所有位置，对观察者而言，恒星看起来在从垂直方向往外拱。

如果能看见最明亮、最美丽的猎户座，通过星图 VIII，从参宿六到参宿四的延长线会给出一个近似的南北方向。同样重要的是记住，猎户座腰带上的三颗恒星中，北边的那颗实际就在赤道上方。无论观察者所处纬度如何，猎户座都从正东方升起到赤道上方的最高点，然后在正西方落下。在猎户座从头顶经过的七小时后，南十字座会达到它的最高点，出现在南方，可以依前述方法用于确定方向。

要记住，只要观察者所在纬度不变，恒星会在地平线上的相同位置升起或落下，但每晚都会提前约四分钟。除非在赤道上，否则从正东方升起的恒星不会从你的正上方经过。

对站在极点的观察者来说，恒星会在头顶上依小圆圈旋转，这个圆圈会平行于地平线逐渐扩大。南纬 1° 以南看不到北极星。很遗憾，在南半球没法用北极星来定位。

在没有指南针的情况下，或者作为校验指南针的方法，确定正南向的一种简单方法是观察南十字座。这个著名星座在升至最高点时看起来几乎就是直立的，在那时，面对它的观察者基本上面朝南，右手为西，左手为东，背对北。

第 25 章
利用恒星判断时间

围绕北天极和南天极旋转的恒星提供了一个“自然时钟”显示当地时间。在北半球，大熊座北斗七星中的两颗亮星被称作北极星“指针”，可用作“时针”；而北极星的位置可以假想成“时针”旋转的中心点。

为了用恒星判断时间，有必要确定当地恒星时间，这仅对航海者或天文学家很重要；由此得出当地太阳时间，也就是钟表上显示的时间。

计算当地时间的步骤可参见下面的例子：

假设日期是 8 月 28 日，北斗七星的两个“指针”位于假想的星空时钟（12 小时制）的 7 点钟方向。

首先确定当地恒星时间。

先减去假想时钟上的时间，12–7=5

然后乘以 2，5 × 2=10

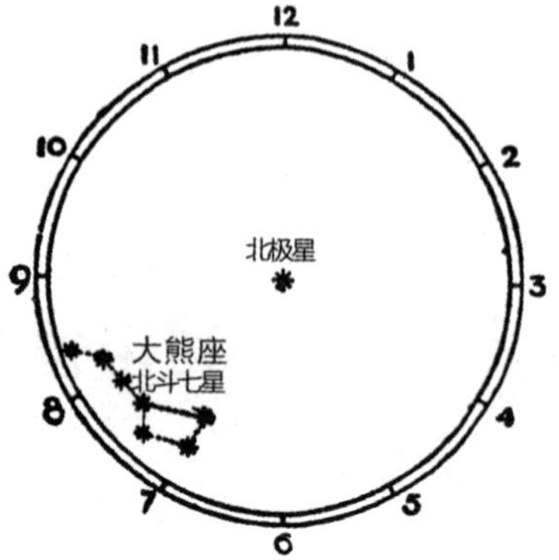

图 25.1　通过北斗七星计算当地时间

再加上 11（这个数始终不变），10+11=21，这就是当地恒星时间。

这个时间比太阳时间也就是时钟上的时间要快，一年快一天，相当于一个月快 2 小时，一天快 4 分钟。

因此，为了找到当地太阳时间，我们必须按以下方法进行换算：

自 3 月 23 日起，每个月减去 2 小时，当月的剩余天数则每天减去 4 分钟。

我们的日期是 8 月 28 日。

3 月 23 日至 8 月 23 日是 5 个月，5 × 2=10 小时

8 月 23 日至 8 月 28 日是 5 天，5 × 4=20 分钟

合计 10 小时 20 分钟

从当地恒星时间（21）减去 10 小时 20 分钟，得出当地太阳时间是晚上 10:40（注意是晚上）。

如果北斗七星在地平线下或者被云层遮挡，可以用另一组醒

目的恒星——仙后座来判断时间。这个星座的形状是一个散乱的“W”，围绕着北极星旋转。

由于仙后座在北极星的另一侧，和北斗七星对立，因此，当北斗七星在地平线下时，常常能利用它。

下图的数字不是日期或时间，而是为了便于将恒星的位置转换成当地时间。

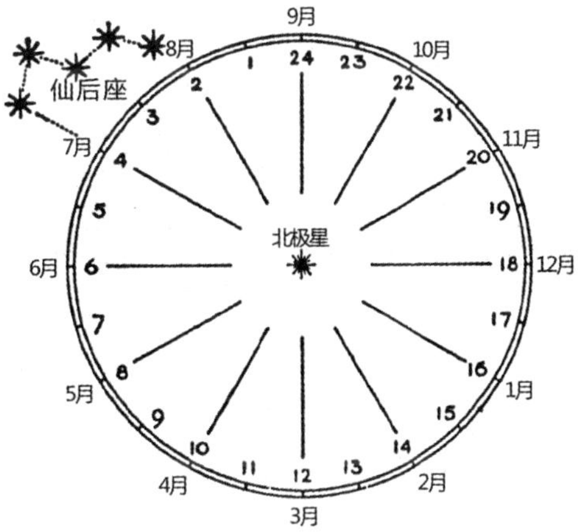

图 25.2　通过仙后座计算当地时间

通过仙后座“W”右臂上的王良一判断时间的步骤如下：

假想的星空时钟的中心是北极星，表盘被分为 24 份，顶端为 24，逆时针编号。

用连接北极星和王良一的假想指针相应读取圆上的数字。在这个例子中是 4。

然后加上所在地的大致日期对应的数字，这里设定 2 月 1 日，那么对应数字就是 14。

4+14=18，也就是下午 6:00。

如果加法结果超过 24，便减去 24。

这里没有考虑当地可能的夏令时或出于方便而使用的地方时间导致的误差。当地时间差都可以查询到。

人们通常并未意识到，当北斗七星和仙后座位于围绕北极星向上爬升时，在赤道以南也清晰可见。因此，南半球的大多数人可以利用它们来判断夜晚的时间。

因为太靠南或者云层遮挡而看不到这些恒星的人，可以从南十字座的位置来判断时间。尽管南天极上没有恒星，但从十字架的底部，沿十字架长轴延伸其长度的 4.5 倍，可以找到天空中恒星运动的焦点位置。

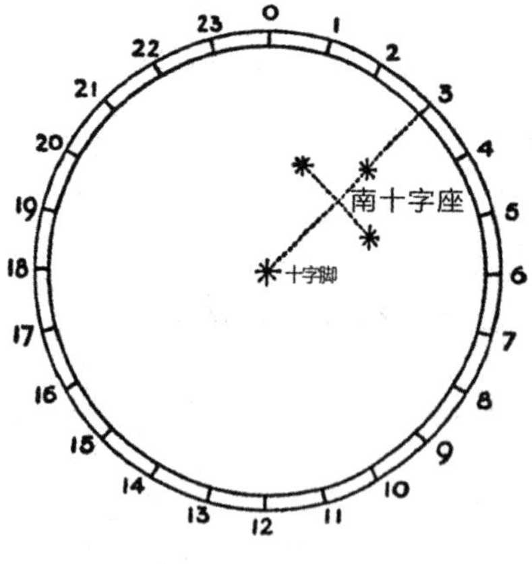

图 25.3　通过南十字座计算当地时间

以十字架长轴作为假想时钟的指针，十字脚作为表盘中心，我们可以将表盘虚拟成 24 小时而非传统的 12 小时。

从十字架长轴的位置读取时间，自 3 月 29 日起，每月减去两小时，每天减去四分钟，得出的结果就是 24 小时制午夜后的时间。

例如：

日期是 5 月 31 日。

假想时钟上的时间是 3 点。

进 24 小时，3+24=27 小时

3 月 29 日至 5 月 29 日是 2 个月，2 × 2=4 小时

5 月 29 日至 5 月 31 日是 2 天，2 × 4=8 分钟

从 27 小时减去 4 小时 8 分钟，结果是 22 小时 52 分钟

减去 12，也就是当地时间为晚上 10:52。

附录1　实用的导航类海鸟

1. 漂泊信天翁，1a. 游泳形态。成年信天翁基本为白色，翅膀和尾翼上部有黑白斑；头部两侧常有粉红或橙色块；喙为粉红色或黄色。

幼鸟翅膀上方为褐色或黑色，下方为白色。

这种最大的信天翁翼展略超过 11 英尺。与皇信天翁和其他主流白色南方信天翁相似。

2. 乌信天翁。成鸟为灰色或褐色，翅膀和头部最暗；喙为黑色，脚为肉色。除脖子上的白斑，幼鸟与成鸟相似。

是暗色南方信天翁的代表。

3. 黑脚信天翁，3a. 后视图。成鸟为灰褐色，红褐色的喙周围为白色，脚为黑色。

幼鸟与成鸟相似，但上半身颜色更浅。

按照这里及 1 和 2 中的描述，还有 10 个其他物种也归属信天翁科。

4. 克岛圆尾鹱，4a. 后视图。身体上部为褐色，其下为白色或暗黑色。有时头部为白色，翅梢下方有白斑。喙为黑色，脚为黑色或黄色。

与身体下部为白色的其他许多海燕和鹱相似。

5. 短尾鹱。头部、尾羽和身体上部为乌黑色，身体下部为灰褐色；喙为黑褐色，脚为紫黑色。整体外观与灰鹱和其他深色海燕及鹱相似。

6. 暴风鹱，6a. 水上形态，6b. 后视图。头、颈和身体下部为白色，眼前方有黑斑。喙为灰色、绿色或黄色。尾翼上部为珍珠灰色。翅膀上方为板灰色，有白斑。脚为灰色或肉色。在大西洋上，北极高纬度地区对应的颜色阶段更深，蓝灰色取代了白色。在太平洋上，这个颜色阶段较之于白色更多出现在南方。

虽然颜色与许多海鸥有些相似，但不应与海鸥混淆。暴风鹱的飞行姿态很独特，翅膀更僵硬，不时高飞。它们比海鸥滑翔得更远、更快，滑翔时翅膀几乎伸直，而海鸥滑翔时翅膀是“弯曲的”。

海鸟图 I

7. 北大西洋鲣鸟，7a. 后视图。身体主要为白色；头、颈部为黄色，喉部皮肤有深蓝色斑块；羽毛为黑褐色；喙为白色，脚为黑色。

幼鸟身体上部为深灰褐色，有白斑，身体下部为白色。

8. 澳洲鲣鸟。成鸟外形与北大西洋鲣鸟和南非鲣鸟相似，但外侧尾羽为白色，中间为灰褐色。头部为黄色，喉部有板蓝色裸露皮肤斑块。喙为板岩色，脚为灰黑色。

幼鸟身体上部为灰褐色，有白斑，身体下部为白色，喉部及两侧有褐色斑。

9. 红脚鲣鸟（白色阶段），9a. 红脚鲣鸟（灰色阶段）。成鸟基本为白色，头、颈、背和尾部有不同的淡黄色调。翅膀外侧为深褐色，后侧有渐细的褐色条。尾翼是所有鲣鸟中最长的。雄鸟的喙为蓝色，底部有红色。雄鸟和雌鸟的腿和脚都为红色。幼鸟基本为淡褐色。

很多白色羽翼的这种鸟会演变成灰色为主，翅梢为深褐色，尾翼为白色。这一灰色阶段见 9a。

这种鸟也有褐色的，尾翼为白色。可以通过较小的体形和鲜红色的脚区别于蓝脸鲣鸟。

10. 蓝脸鲣鸟。成鸟羽翼为白色，只有翅梢、尾翼和翅膀后半部为深褐色。面部皮肤为黑色。喙为深色，喙底部雄鸟为亮橙色，雌鸟为粉红色或浅红色。腿和脚，雄鸟为橄榄色，雌鸟为铅灰色。幼鸟头、颈和身体上部为烟褐色，混有白色羽毛。

因为比其他鲣鸟都大，蓝脸鲣鸟很容易和红脚鲣鸟区别开，虽然脚的颜色有不同，但绝不会是红色。蓝脸鲣鸟也可以通过深色尾翼来区别。

11. 褐鲣鸟。头、颈和胸部为巧克力褐色；身体下部和翅膀下方为白色，翅膀下方朝向翅梢部分为浅褐色，翅膀上方为淡褐色；喙底部为黄色，喙尖为蓝白色，腿和脚为黄色。

幼鸟身体上部为灰褐色，腹部颜色稍浅，胸部较深，通常为褐灰色而非白色。喙的颜色比成鸟更深。

12. 红尾热带鸟，12a. 飞行转身。成鸟为丝绸白色，有时背部有玫瑰色调；眼前方和眼上方有明显的黑色新月形；翅膀和尾翼有黑条纹；从尾部伸出两根细长的深红色羽毛，长约 18 英寸或以上。喙为黄色或红色。

12a 展示了在飞行中使用尾羽和脚来转弯的红尾热带鸟。

红尾热带鸟幼鸟与成鸟相似，但尾羽很短。

白尾热带鸟大体为白色，有玫瑰色调；眼前方和眼上方有明显的黑色新月形；翅膀有黑色羽毛；尾羽最长可达 21 英寸；喙为黄、黑或红色，腿和脚趾为黄色，脚为黑色。

白尾热带鸟幼鸟体形较小，没有长的尾羽。

红嘴热带鸟为白色，眼部有黑道；身体上部和翅膀有黑条纹；尾羽为白色，最长可达 20 英寸；喙为红色或橙色，腿和脚趾为淡黄色或灰白色，脚为黑色。

红嘴热带鸟幼鸟体形较小，头部和尾部有更多黑色，尾羽较短。

红尾热带鸟被认为是在所有温暖海域发现的这三个物种的代表。白尾和红嘴热带鸟在外观上与红尾热带鸟非常相似，主要区别在于白尾热带鸟体形较小，红嘴热带鸟背部有波浪纹。

海鸟图 II

13. 军舰鸟（白胸），13a. 军舰鸟（深色），13b. 后视图。成鸟为黑色，翅膀很长，尾翼很长且分叉，腿短。一些成鸟身体下部部分为白色。喙长而纤细，喙尖有钩。

幼鸟的头部为白色。

在所有海鸟中最容易被识别，但飞行中尾巴通常不会展开，分叉并不明显。当它们在空中盘旋时，尾翼常像剪刀一样开合。

14. 鸬鹚，14a. 游泳形态。羽翼为油绿色或蓝黑色；面部和喙下部为白色；喙和面部裸露皮肤为黄色，脚为黑色。

在欧洲、亚洲和澳大利亚，常见的鸬鹚有黑色羽翼，但热带和非洲南部的一些物种胸部为白色。

幼鸟为褐黑色，通常颜色较浅，有时身体下部为白色。

鸬鹚科的众多成员在颜色上有所不同，但外观相似。

15. 黑脚企鹅，15a. 游泳形态。身体上部为蓝灰色或黑色；身体下部为白色；黑色马蹄形窄条横跨胸部及两侧；尾部有白斑；喙长而厚，脚为黑色。

幼鸟身体上部为黑色，身体下部为白色。

以在岸上和浮水时的喧闹声闻名，分布在南非海岸及北至南纬 16°。其他 16 种企鹅在外观上与黑脚企鹅相似，但体形大小、面部和喉部的黑白形状以及喙和脚的颜色不同。

16. 褐鹈鹕。头后部为白色；头前部和头顶为黄色；颈部和背部为褐色；身体下部为灰褐色；翅膀为黑褐色，带灰色；眼部周围皮肤为蓝色；喙为淡灰色，脚为黑色。

其他鹈鹕在轮廓和基本外观上相似。

17. 大贼鸥。羽翼为深灰褐色；翅膀下有明显白斑；体形大。尾翼短小，呈方形。上喙粗壮、弯曲。

幼鸟外观与成鸟相似，但有略微不同。

18. 北极贼鸥。头顶为灰褐色，头部其余部分为白色；尾翼和翅膀上方为灰褐色；颈部和身体下部为白色。有时北极贼鸥完全为灰褐色，除了颈部有黄色调。尾翼长，呈楔形，有长而突出的中央尾羽。

与长尾贼鸥和中贼鸥相似。

海鸟图 III

19. 银鸥，19a. 游泳形态，19b. 后视图。大型海鸥。头部和颈部夏季为白色；冬季为灰色，有斑点。身体下部为白色；尾翼为白色；朝向翅梢外侧有黑色羽毛。喙为黄色，脚为肉色。

幼鸟头部为灰褐色，有白色和浅褐色条纹；身体下部偏灰；尾翼为褐黑色，有白斑。幼鸟可以通过颜色很深的羽翼区别于成鸟。

与其他许多物种关系密切，如加利福尼亚鸥、冰岛鸥、小黑背鸥和灰翅鸥。

20. 南方黑背鸥。成鸟背部和翅膀上方为黑色；头、颈和身体下部为白色，只有翅梢为黑色；喙和脚为黄色。

幼鸟为褐色，有白斑。尾翼为黑色；喙为黑色，脚为褐色。只有南半球的黑背鸥尾翼为纯白色。

与大黑背鸥、小黑背鸥及其他相关物种的外观和习性都很相似。

21. 笑鸥。头部为黑色；颈下部为白色；尾翼为白色；身体下部为白色；翅膀后部和上方为深灰色，翅梢上方冬季为黑色。头顶和两侧有白色混褐灰色斑点；眼部或多或少被深色新月形包围。喙在夏季为红色，冬季为黑色；脚为褐色。与其他许多黑头鸥相似，包括西欧和地中海的渔鸥。

22. 澳洲银鸥。头部为暗色；尾翼和身体下部为白色；翅梢为黑色，朝向翅梢有明显的白斑；翅膀上方和背部上方为灰色；喙和脚为红色。

幼鸟与成鸟非常相似，但翅膀上方和背部上方有褐色斑；尾翼有褐色窄条；喙为褐色，脚为灰色。

与其他几种小型海鸥相似。

23 和 23a. 三趾鸥。头部和颈部夏季为白色；头顶和两侧及颈后部冬季为深灰色，这也是翅膀和背部上表面的颜色。翅梢上、下为黑色；尾翼为白色；喙为黄绿色，脚为浅黑色。

幼鸟头部为白色，头顶和头下部带灰色，颈后部有深灰色条纹；身体下部和翅膀下方为白色；尾翼为白色，有黑条纹；翅膀和背部上方为灰色，翅膀上方为黑色；喙为黑色，脚为褐色。

24. 剪嘴鸥。头顶和颈部为黑色；前额和身体下部为白色；尾翼多为白色；喙为朱红色，喙尖为黑色，腿和脚为橙红色。

幼鸟与成鸟相似，但身体上部为浅褐色，有灰白色条纹和黑斑；身体下部为白色；喙、腿和脚为暗红色。

有独特的喙，下部比上部长很多，除底部外是扁平的。几种剪嘴鸥外观接近，颜色有所不同。

25. 白燕鸥。头、身体、翅膀和尾翼为白色，眼部周围有黑圈，尾翼长且分叉，喙为黑色，脚为黑色或浅蓝色。

幼鸟与成鸟相似，但眼后方有黑点，翅膀和尾翼有黑条纹。

26. 北极燕鸥，26a. 站立形态。头顶为黑色；喉、胸和身体下部为浅灰色；尾翼很长，为深灰色；喙为鲜红色，脚为珊瑚红色。

幼鸟与成鸟相似，但喙为黄色，喙尖为黑色。

27. 燕鸥。成鸟身体上部为深褐色；翅膀和尾翼上部为黑色；身体下部为深褐色，翅膀下方为浅褐色。头部为灰色，前额颜色明显较浅，眼前方有黑条纹。喙为黑色，脚为褐黑色。

幼鸟与成鸟外观相似，颜色更亮，褐色更重。头顶为灰褐色，眼上方有白道。

28. 乌燕鸥。成鸟身体上部、翅膀和尾翼为暗黑色。前额和头侧部、颈下部，及翅膀下方和身体下部为纯白色。翅梢下方为灰色。喙为黑色，腿和脚为黑色。

幼鸟身体上部为乌褐色，尾翼上表面翼梢处为灰白色。喙为黑褐色或深褐色。

海鸟图 IV

29. 鹈燕，29a. 游泳形态。身体上表面为黑色；翅膀为油黑色，有褐色调；翅膀下方有灰色调；身体两侧为鼠灰色；颈下部和胸部为深灰色。喙为黑色，腿和脚为淡蓝色。

30 和 30a. 威尔逊海燕。基本为黑褐色，喉部、腹部和翅膀下方颜色较浅；尾翼呈方形，上部明显为白色；腿长，为黑色，脚为黄色。

31. 特里斯坦大鹱。从喙至头顶有深褐色线条；身体其余部分为乌褐色；颈部为白色；腹部为白色，有褐色斑；翅膀下方为白色，有褐色条纹；喙为暗黑色，脚为肉色。

32. 大西洋鹱。身体为乌黑色，包括头部、翅膀和尾翼；面颊和耳后及颈部和胸部两侧有灰色或乌褐色斑点；翅膀下方和身体下部为白色；尾翼下部为暗黑色；喙为黑色，脚为肉色。

33. 乌叉尾海燕。身体为乌黑色；翅膀为黑褐色；尾翼分叉，上表面为灰色，有白道；喙和脚为黑色。

34. 灰瓣蹼鹬。冬季，头、颈和身体下部为白色，头后部和眼部周围为板岩色；身体上部为浅蓝灰色，翅膀和尾翼较暗。夏季，雌鸟的头顶和喙下方为深灰色，雄鸟的头顶和颈后部有黑色和黄褐色条纹；面颊为白色；颈部和身体下部为红褐色；背部为黄褐色，有黑条纹；翅膀下方为白色。喙为黄色，脚为淡黄色。

35. 红颈瓣蹼鹬。冬季，前额、头部两侧、颈部和身体下部为白色；胸部两侧混有浅灰色；头顶为淡灰色，眼前方有黑斑；身体上部为灰色。夏季，身体上部为板岩色；背部有浅褐色条纹，翅膀有白条纹；身体下部为白色。喙为黑色，脚为蓝灰色。

36. 簇羽海鹦，36a. 游泳形态（冬季羽翼）。身体上部为乌黑色，头部侧面为黄色；翅膀下方为褐灰色；身体下部为灰褐色。前额和眼部周围为白色；喙非常大，喙尖为鲑鱼红色，喙底部为橄榄色，喙侧皮肤为朱红色；脚为鲑鱼红色。

37. 角海鹦，37a. 游泳形态（冬季羽翼）。头顶为灰褐色；颈部和身体上部为黑色；面部两侧，夏季为白色，冬季为灰色；身体下部为白色，朝向翅梢处为褐灰色。喙大，褐红色；脚为朱红色。

38 和 38a. 崖海鸦。38b. 游泳形态（冬季羽翼）。头、颈和身体上部为乌褐色；胸部和身体下部为白色；喙长，黑色有斑点；脚为淡蓝色。北极海鸦有坚硬的喙。

39. 海鸽，39a. 游泳形态（冬季羽翼）。夏季为乌黑色，翅膀下方为白色，有黑条纹；冬季翅膀通常全为黑色。喙为黑色，脚为朱红色。白翅斑海鸽分布在大西洋和北极地区。

40. 凤头海雀。身体上部为板黑色；前额为淡灰色，饰有黑色羽毛，眼后方和面部有长的白色羽毛；身体下部为褐灰色；喙短，橙红色，喙尖发白；脚为淡紫灰色。幼鸟面部没有羽毛装饰。

41. 白腹海鹦。身体上部为板岩色；夏季眼后方和面部有白色羽毛；喉部、颈前部和身体两侧，夏季为暗灰色，冬季为白色；翅膀下方为灰褐色；身体下部为白色；喙短，橙红色，下部向上弯曲；脚为蓝灰色。

42. 小海雀。身体上部为板黑色；肩部部分为白色；夏季，前额、眼后方和面部有带白斑的羽毛，冬季为白色和灰色；面颊和喙下方为深板岩色；身体下部多为白色；喙小，暗黑色，喙尖为红色；脚为褐色。

43. 花斑鹱。背部有黑白格。身体基本为黑色；头部、翅膀上方、脚、面部两侧和颈部为黑色，喉部有斑点。背部其他部分和尾翼上表面为白色。羽毛末端有黑斑。

33
32
30
30a
31
29
29a
39
38a
38
39a
38b
37
42
40
36
37a
36a
41
43
35
34

海鸟图 V

附录 2　星图

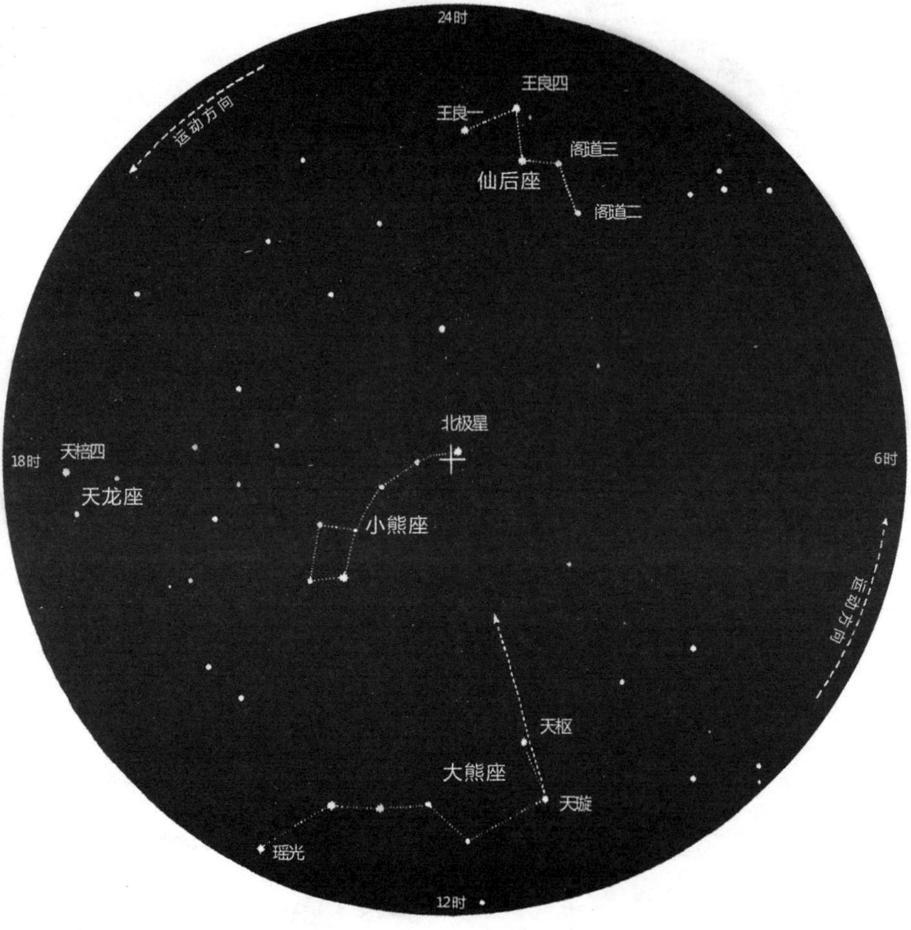

星图 1　北天极附近

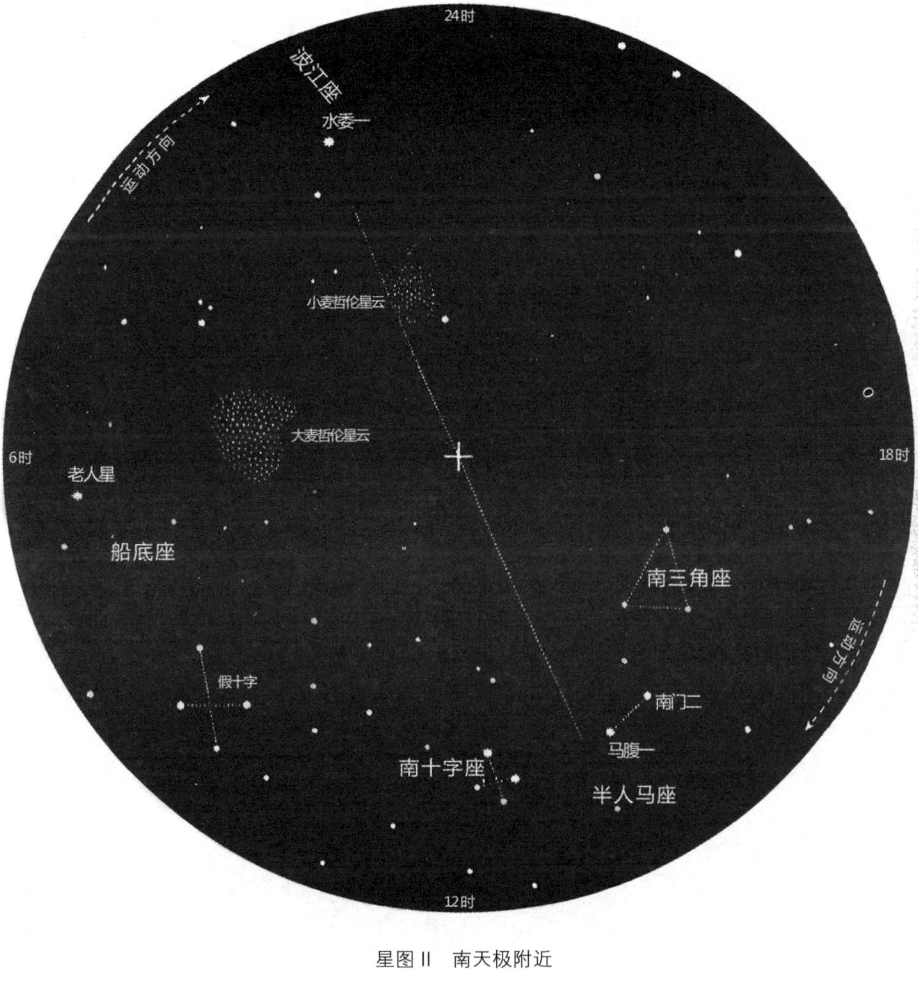
24时
波江座
水委一
运动方向
小麦哲伦星云
大麦哲伦星云
6时
老人星
船底座
18时
0
南三角座
运动方向
假十字
南门二
马腹一
南十字座
半人马座
12时

星图 II　南天极附近

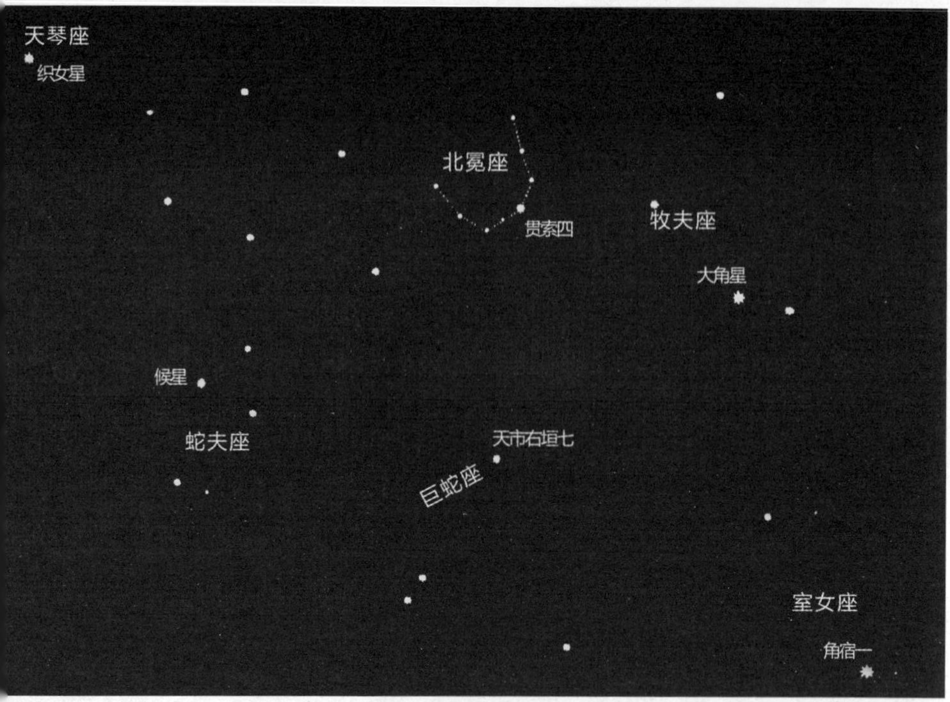
天琴座
织女星
北冕座
贯索四
牧夫座
大角星
候星
蛇夫座
天市右垣七
巨蛇座
室女座
角宿一

星图 III

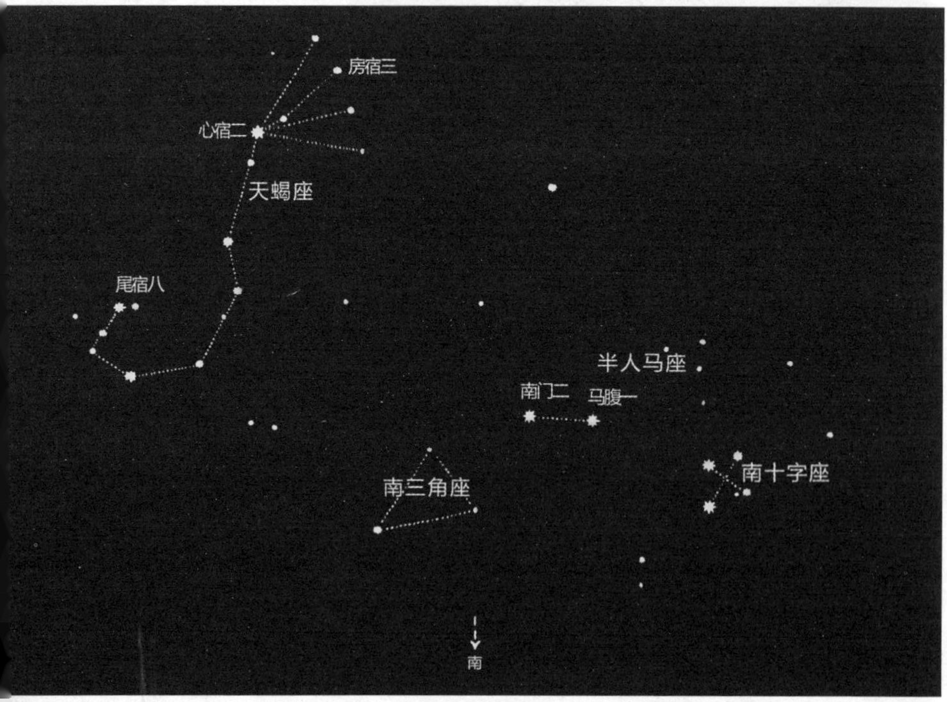
房宿三
心宿二
天蝎座
尾宿八
半人马座
南门二
马腹一
南三角座
南十字座
南

星图 IV

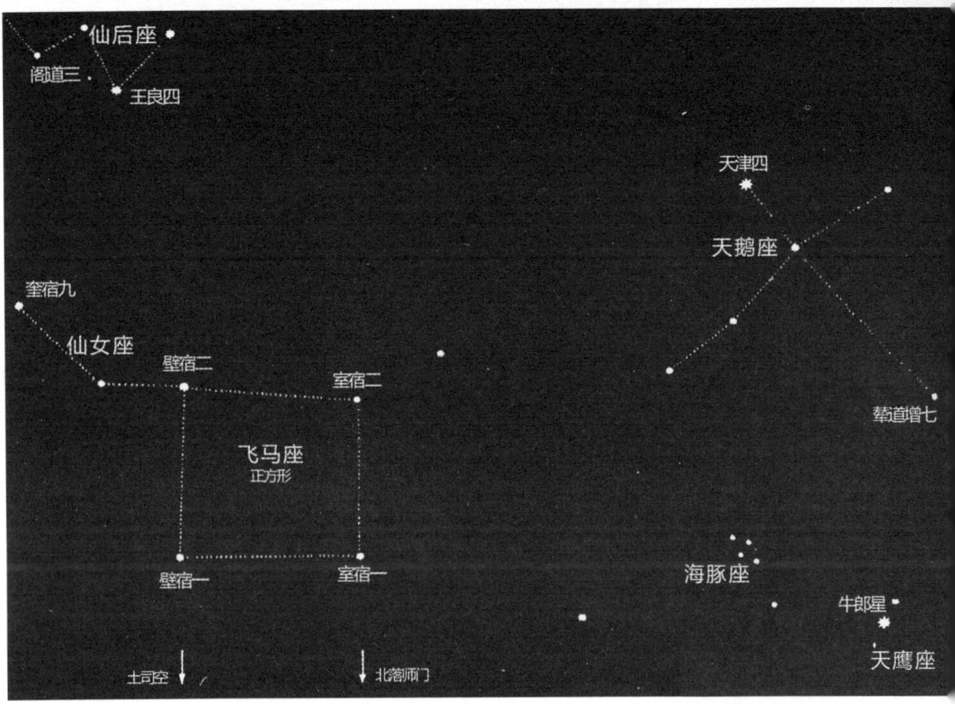

仙后座
阁道三
王良四
天津四
天鹅座
奎宿九
仙女座
壁宿二
室宿二
辇道增七
飞马座
正方形
壁宿一
室宿一
海豚座
牛郎星
天鹰座
土司空
北落师门

星图 V

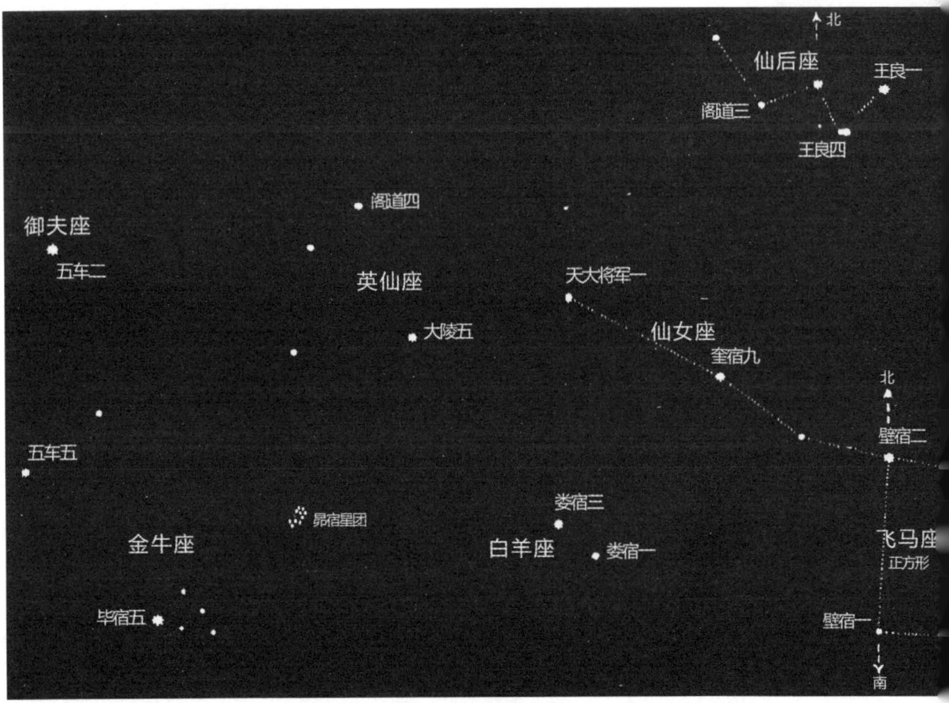

北
仙后座
王良一
阁道三
王良四
阁道四
御夫座
五车二
英仙座
天大将军一
大陵五
仙女座
奎宿九
北
壁宿二
五车五
昴宿星团
娄宿三
金牛座
白羊座
娄宿一
飞马座
正方形
毕宿五
壁宿一
南

星图 VI

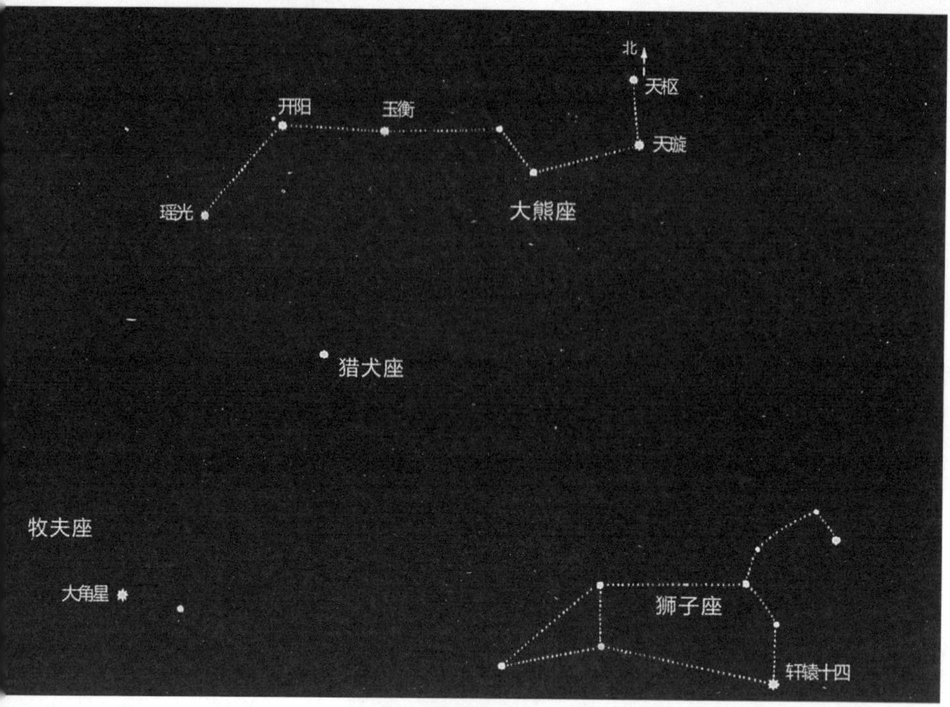

星图 VII

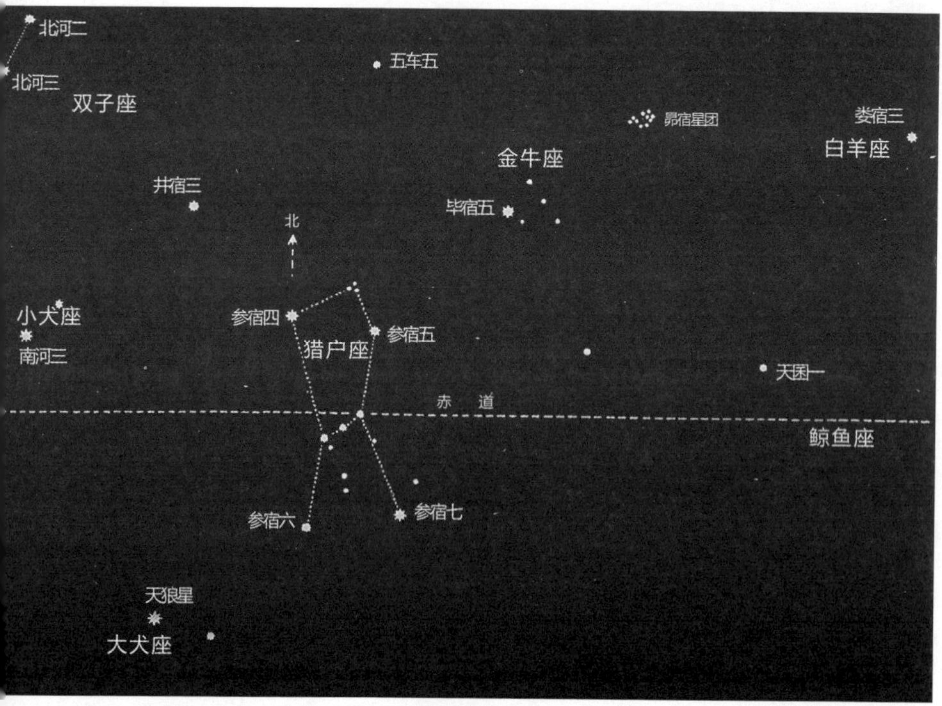

星图 VIII

附录 3　太阳方向表

赤道

距离正午的小时数	→3月21日 9月23日	3月31日 9月13日	4月11日 9月2日	4月22日 8月22日	5月1日 8月12日	5月12日 8月2日	5月26日 7月19日	6月10日 7月3日←
0	x	x	x	0	0	0	0	0
1	90	75	61	51	44	39	34	31
2	90	82	74	67	62	57	52	50
3	90	84	79	73	69	65	61	59
4	90	85	81	76	73	69	66	64
5	90	86	82	78	74	71	68	66
6	90	86	82	78	75	72	69	67
日出和日落	90°	86°	82°	78°	75°	72°	69°	67°
距离正午的小时数	→9月23日 3月21日	10月4日 3月11日	10月14日 3月1日	10月25日 2月18日	11月3日 2月9日	11月14日 1月29日	11月27日 1月16日	12月11日 1月2日←
0	x	x	x	180	180	180	180	180
1	90	105	119	129	136	141	146	149
2	90	98	106	113	118	123	128	130
3	90	96	101	107	111	115	119	121
4	90	95	99	104	107	111	114	116
5	90	94	98	102	106	109	112	114
6	90	94	98	102	105	108	111	113
日出和日落	90°	94°	98°	102°	105°	108°	111°	113°

正午前，从北往东读取角度；正午后，从北往西读取角度

“x”表示太阳方向变化太快，无实际价值

北纬 2.5°

距离正午的小时数	→3月21日 9月23日	3月31日 9月13日	4月11日 9月2日	4月22日 8月22日	5月1日 8月12日	5月12日 8月2日	5月26日 7月19日	6月10日 7月3日←
0	180	x	0	0	0	0	0	0
1	99	84	69	57	49	42	37	34
2	94	86	78	71	65	60	55	52
3	92	87	81	76	71	67	63	61
4	91	87	82	78	74	71	67	65
5	91	87	82	78	75	72	69	67
6	90	86	82	78	75	72	69	67
日出和日落	90°	86°	82°	78°	75°	72°	69°	67°
距离正午的小时数	→9月23日 3月21日	10月4日 3月11日	10月14日 3月1日	10月25日 2月18日	11月3日 2月9日	11月14日 1月29日	11月27日 1月16日	12月11日 1月2日←
0	180	180	180	180	180	180	180	180
1	99	113	125	134	140	145	149	151
2	94	102	110	116	121	126	130	132
3	92	98	104	109	113	117	120	122
4	91	96	101	105	108	112	115	117
5	91	95	99	103	106	109	112	114
6	90	94	98	102	105	108	111	113
日出和日落	90°	94°	98°	102°	105°	108°	111°	113°

正午前，从北往东读取角度；正午后，从北往西读取角度
“x”表示太阳方向变化太快，无实际价值

北纬 5°

距离正午的小时数	→3月21日 9月23日	3月31日 9月13日	4月11日 9月2日	4月22日 8月22日	5月1日 8月12日	5月12日 8月2日	5月26日 7月19日	6月10日 7月3日←
0	180	180	x	0	0	0	0	0
1	108	93	78	64	55	47	41	37
2	99	91	83	75	69	64	58	55
3	95	89	84	78	74	70	66	63
4	93	88	84	79	76	72	69	66
5	91	87	83	79	76	73	70	67
6	90	86	82	78	75	72	69	67
日出和日落	90°	86°	82°	78°	75°	72°	69°	67°
距离正午的小时数	→9月23日 3月21日	10月4日 3月11日	10月14日 3月1日	10月25日 2月18日	11月3日 2月9日	11月14日 1月29日	11月27日 1月16日	12月11日 1月2日←
0	180	180	180	180	180	180	180	180
1	108	121	131	139	144	148	151	153
2	99	106	113	120	124	129	132	135
3	95	101	106	111	115	119	122	124
4	93	97	102	106	110	113	116	118
5	91	95	100	104	107	110	113	115
6	90							
日出和日落	90°	94°	98°	102°	105°	108°	111°	113°

正午前，从北往东读取角度；正午后，从北往西读取角度
“x”表示太阳方向变化太快，无实际价值

北纬 7.5°

距离正午的小时数	→3月21日 9月23日	3月31日 9月13日	4月11日 9月2日	4月22日 8月22日	5月1日 8月12日	5月12日 8月2日	5月26日 7月19日	6月10日 7月3日←
0	180	180	x	x	0	0	0	0
1	116	103	87	72	62	53	44	41
2	103	95	87	79	73	67	62	58
3	97	92	86	80	76	72	68	65
4	94	89	85	80	77	73	70	68
5	92	88	84	80	76	73	70	68
6	90	86	82	78	75	72	69	67
日出和日落	90°	86°	82°	78°	75°	72°	69°	67°
距离正午的小时数	→9月23日 3月21日	10月4日 3月11日	10月14日 3月1日	10月25日 2月18日	11月3日 2月9日	11月14日 1月29日	11月27日 1月16日	12月11日 1月2日←
0	180	180	180	180	180	180	180	180
1	116	127	136	142	147	150	153	155
2	103	110	116	123	127	131	135	137
3	97	103	108	113	117	120	124	126
4	94	99	103	108	111	114	117	119
5	92	96	100	104	107	110	113	115
6	90							
日出和日落	90°	94°	98°	102°	105°	108°	111°	113°

正午前，从北往东读取角度；正午后，从北往西读取角度

“x”表示太阳方向变化太快，无实际价值

北纬 10°

距离正午的小时数	→3月21日 9月23日	3月31日 9月13日	4月11日 9月2日	4月22日 8月22日	5月1日 8月12日	5月12日 8月2日	5月26日 7月19日	6月10日 7月3日←
0	180	180	180	x	x	x	x	x
1	123	111	96	81	70	60	51	46
2	107	99	91	83	77	71	66	62
3	100	94	89	83	79	74	70	67
4	96	91	87	82	78	75	71	69
5	93	89	84	80	77	74	71	69
6	90	86	82	78	75	72	69	67
日出和日落	90°	86°	82°	78°	75°	72°	69°	67°
距离正午的小时数	→9月23日 3月21日	10月4日 3月11日	10月14日 3月1日	10月25日 2月18日	11月3日 2月9日	11月14日 1月29日	11月27日 1月16日	12月11日 1月2日←
0	180	180	180	180	180	180	180	180
1	123	132	140	146	149	152	155	156
2	107	114	120	126	130	133	137	139
3	100	105	110	115	119	122	125	127
4	96	100	105	109	112	115	118	120
5	93	97	101	105	108	111	114	116
6	90							
日出和日落	90°	94°	98°	102°	105°	108°	111°	113°

正午前，从北往东读取角度；正午后，从北往西读取角度

“x”表示太阳方向变化太快，无实际价值

北纬 12.5°

距离正午的小时数	→3月21日 9月23日	3月31日 9月13日	4月11日 9月2日	4月22日 8月22日	5月1日 8月12日	5月12日 8月2日	5月26日 7月19日	6月10日 7月3日←
0	180	180	180	x	x	x	x	x
1	129	119	105	90	79	67	57	52
2	111	103	96	88	82	75	69	66
3	102	97	91	86	81	77	72	70
4	97	93	88	83	80	76	73	71
5	93	89	85	81	78	75	72	70
6	90	86	82	78	75	72	69	67
日出和日落	90°	86°	82°	78°	75°	72°	68°	66°
距离正午的小时数	→9月23日 3月21日	10月4日 3月11日	10月14日 3月1日	10月25日 2月18日	11月3日 2月9日	11月14日 1月29日	11月27日 1月16日	12月11日 1月2日←
0	180	180	180	180	180	180	180	180
1	129	137	143	148	151	154	156	157
2	111	117	123	128	131	135	138	140
3	102	107	112	117	120	124	127	128
4	97	102	106	110	113	116	119	121
5	93	97	101	105	108	111	114	116
6	90							
日出和日落	90°	94°	98°	102°	105°	108°	111°	114°

正午前，从北往东读取角度；正午后，从北往西读取角度
“x”表示太阳方向变化太快，无实际价值

北纬 15°

距离正午的小时数	→3月21日 9月23日	3月31日 9月13日	4月11日 9月2日	4月22日 8月22日	5月1日 8月12日	5月12日 8月2日	5月26日 7月19日	6月10日 7月3日←
0	180	180	180	180	x	x	x	x
1	134	125	114	100	88	76	65	58
2	114	107	100	92	86	80	74	70
3	105	99	94	88	84	80	75	72
4	98	94	90	85	81	78	74	72
5	94	90	86	82	79	76	73	70
6	90	86	82	78	75	73	70	68
日出和日落	90°	86°	82°	78°	74°	71°	68°	66°
距离正午的小时数	→9月23日 3月21日	10月4日 3月11日	10月14日 3月1日	10月25日 2月18日	11月3日 2月9日	11月14日 1月29日	11月27日 1月16日	12月11日 1月2日←
0	180	180	180	180	180	180	180	180
1	134	141	146	150	153	155	157	159
2	114	120	126	131	134	137	140	142
3	105	110	114	119	122	125	128	130
4	98	103	107	111	114	117	120	122
5	94	98	102	106	109	112	114	116
6	90							
日出和日落	90°	94°	98°	102°	106°	109°	112°	114°

正午前，从北往东读取角度；正午后，从北往西读取角度
“x”表示太阳方向变化太快，无实际价值

北纬 17.5°

距离正午的小时数	→3月21日 9月23日	3月31日 9月13日	4月11日 9月2日	4月22日 8月22日	5月1日 8月12日	5月12日 8月2日	5月26日 7月19日	6月10日 7月3日←
0	180	180	180	180	180	x	x	x
1	138	131	121	109	98	86	74	66
2	117	111	104	97	91	84	78	74
3	107	102	96	91	87	82	78	75
4	100	96	91	87	83	80	76	74
5	95	91	87	83	80	76	73	71
6	90	86	82	79	76	73	70	68
日出和日落	90°	86°	82°	77°	74°	71°	68°	66°
距离正午的小时数	→9月23日 3月21日	10月4日 3月11日	10月14日 3月1日	10月25日 2月18日	11月3日 2月9日	11月14日 1月29日	11月27日 1月16日	12月11日 1月2日←
0	180	180	180	180	180	180	180	180
1	138	144	149	152	155	157	158	160
2	117	123	128	133	136	139	141	143
3	107	112	116	120	123	126	129	131
4	100	104	108	112	115	118	121	123
5	95	98	102	106	109	112	115	117
6	90							
日出和日落	90°	94°	98°	103°	106°	109°	112°	114°

正午前，从北往东读取角度；正午后，从北往西读取角度

“x”表示太阳方向变化太快，无实际价值

北纬 20°

距离正午的小时数	→3月21日 9月23日	3月31日 9月13日	4月11日 9月2日	4月22日 8月22日	5月1日 8月12日	5月12日 8月2日	5月26日 7月19日	6月10日 7月3日←
0	180	180	180	180	180	180	x	x
1	142	136	127	117	107	95	83	75
2	121	115	108	101	95	89	83	78
3	109	104	99	93	89	85	80	77
4	101	97	93	88	85	81	78	75
5	95	91	87	83	80	77	74	71
6	90	86	82	79	76	73	70	68
日出和日落	90°	86°	81°	77°	74°	71°	68°	65°
距离正午的小时数	→9月23日 3月21日	10月4日 3月11日	10月14日 3月1日	10月25日 2月18日	11月3日 2月9日	11月14日 1月29日	11月27日 1月16日	12月11日 1月2日←
0	180	180	180	180	180	180	180	180
1	142	147	151	154	156	158	159	160
2	121	126	131	135	138	140	143	144
3	109	113	118	122	125	128	130	132
4	101	105	109	113	116	119	122	123
5	95	99	103	107	109	112	115	117
6	90							
日出和日落	90°	94°	98°	103°	106°	109°	112°	115°

正午前，从北往东读取角度；正午后，从北往西读取角度

“x”表示太阳方向变化太快，无实际价值

北纬 22.5°

距离正午的小时数	→3月21日 / 9月23日	3月31日 / 9月13日	4月11日 / 9月2日	4月22日 / 8月22日	5月1日 / 8月12日	5月12日 / 8月2日	5月26日 / 7月19日	6月10日 / 7月3日←
0	180	180	180	180	180	180	180	0
1	145	140	133	124	115	105	93	85
2	124	113	112	105	100	94	87	83
3	111	106	101	96	92	88	83	80
4	102	98	94	90	86	83	79	77
5	96	92	88	84	81	78	75	73
6	90	86	83	79	76	73	70	69
日出和日落	90°	86°	81°	77°	74°	70°	67°	65°
距离正午的小时数	→9月23日 / 3月21日	10月4日 / 3月11日	10月14日 / 3月1日	10月25日 / 2月18日	11月3日 / 2月9日	11月14日 / 1月29日	11月27日 / 1月16日	12月11日 / 1月2日←
0	180	180	180	180	180	180	180	180
1	145	149	153	155	157	159	160	161
2	124	128	133	137	139	142	144	145
3	111	115	120	123	126	129	131	133
4	102	106	110	114	117	120	122	124
5	96	100	103	107	110	112	115	117
6	90							
日出和日落	90°	94°	99°	103°	106°	110°	113°	115°

正午前，从北往东读取角度；正午后，从北往西读取角度

北纬 25°

距离正午的小时数	→3月21日 / 9月23日	3月31日 / 9月13日	4月11日 / 9月2日	4月22日 / 8月22日	5月1日 / 8月12日	5月12日 / 8月2日	5月26日 / 7月19日	6月10日 / 7月3日←
0	180	180	180	180	180	180	180	180
1	148	143	137	130	123	114	103	95
2	126	121	116	109	104	98	92	88
3	113	108	104	99	95	90	86	83
4	104	100	96	91	88	85	81	79
5	96	93	89	85	82	79	76	74
6	90	86	83	79	76	74	71	69
日出和日落	90°	86°	81°	77°	73°	70°	67°	64°
距离正午的小时数	→9月23日 / 3月21日	10月4日 / 3月11日	10月14日 / 3月1日	10月25日 / 2月18日	11月3日 / 2月9日	11月14日 / 1月29日	11月27日 / 1月16日	12月11日 / 1月2日←
0	180	180	180	180	180	180	180	180
1	148	151	154	157	158	160	161	162
2	126	131	135	138	141	143	145	146
3	113	117	121	125	127	130	132	134
4	104	108	111	115	118	120	123	125
5	96	100	104	107	110	113	115	117
6	90							
日出和日落	90°	94°	99°	103°	107°	110°	113°	116°

正午前，从北往东读取角度；正午后，从北往西读取角度

北纬 27.5°

距离正午的小时数	→3月21日 / 9月23日	3月31日 / 9月13日	4月11日 / 9月2日	4月22日 / 8月22日	5月1日 / 8月12日	5月12日 / 8月2日	5月26日 / 7月19日	6月10日 / 7月3日←
0	180	180	180	180	180	180	180	180
1	150	146	141	135	129	121	112	105
2	129	124	119	113	108	103	97	93
3	115	110	106	101	97	93	89	86
4	105	101	97	93	90	86	83	80
5	97	93	90	86	83	80	77	75
6	90	86	83	79	77	74	71	69
日出和日落	90°	85°	81°	76°	73°	70°	66°	64°

距离正午的小时数	→9月23日 / 3月21日	10月4日 / 3月11日	10月14日 / 3月1日	10月25日 / 2月18日	11月3日 / 2月9日	11月14日 / 1月29日	11月27日 / 1月16日	12月11日 / 1月2日←
0	180	180	180	180	180	180	180	180
1	150	153	156	158	159	161	162	163
2	129	133	136	140	142	144	146	147
3	115	119	123	126	129	131	133	135
4	105	109	112	116	118	121	123	125
5	97	101	104	108	110	113	115	117
6	90							
日出和日落	90°	94°	99°	104°	107°	110°	114°	116°

正午前，从北往东读取角度；正午后，从北往西读取角度

北纬 30°

距离正午的小时数	→3月21日 / 9月23日	3月31日 / 9月13日	4月11日 / 9月2日	4月22日 / 8月22日	5月1日 / 8月12日	5月12日 / 8月2日	5月26日 / 7月19日	6月10日 / 7月3日←
0	180	180	180	180	180	180	180	180
1	152	149	144	139	134	128	120	114
2	131	127	122	116	112	107	101	97
3	117	112	108	103	100	96	92	89
4	106	102	98	94	91	88	85	82
5	98	94	90	87	84	81	78	76
6	90	87	83	80	77	74	72	70
日出和日落	90°	85°	81°	76°	73°	69°	66°	63°

距离正午的小时数	→9月23日 / 3月21日	10月4日 / 3月11日	10月14日 / 3月1日	10月25日 / 2月18日	11月3日 / 2月9日	11月14日 / 1月29日	11月27日 / 1月16日	12月11日 / 1月2日←
0	180	180	180	180	180	180	180	180
1	152	155	157	159	160	161	162	163
2	131	135	138	141	143	145	147	148
3	117	120	124	127	130	132	134	136
4	106	110	113	117	119	122	124	125
5	98	101	105	108	111	113	116	117
6	90							
日出和日落	90°	95°	99°	104°	107°	111°	114°	117°

正午前，从北往东读取角度；正午后，从北往西读取角度

北纬 32.5°

距离正午的小时数	→3月21日	3月31日	4月11日	4月22日	5月1日	5月12日	5月26日	6月10日
	9月23日	9月13日	9月2日	8月22日	8月12日	8月2日	7月19日	7月3日←
0	180	180	180	180	180	180	180	180
1	153	151	147	143	139	133	127	122
2	133	129	125	120	116	111	106	102
3	118	114	110	106	102	99	95	92
4	107	104	100	96	93	90	86	84
5	98	95	91	88	85	82	79	77
6	90	87	83	80	77	75	72	70
7								63
日出和日落	90°	85°	80°	76°	72°	68°	65°	62°

距离正午的小时数	→9月23日	10月4日	10月14日	10月25日	11月3日	11月14日	11月27日	12月11日
	3月21日	3月11日	3月1日	2月18日	2月9日	1月29日	1月16日	1月2日←
0	180	180	180	180	180	180	180	180
1	153	156	158	160	161	162	163	164
2	133	136	139	142	144	146	148	149
3	118	122	125	128	131	133	135	136
4	107	111	114	117	120	122	124	126
5	98	102	105	108	111	113	116	
6	90							
日出和日落	90°	95°	99°	104°	108°	111°	115°	118°

正午前，从北往东读取角度；正午后，从北往西读取角度

北纬 35°

距离正午的小时数	→3月21日	3月31日	4月11日	4月22日	5月1日	5月12日	5月26日	6月10日
	9月23日	9月13日	9月2日	8月22日	8月12日	8月2日	7月19日	7月3日←
0	180	180	180	180	180	180	180	180
1	155	152	149	146	142	138	133	129
2	135	131	127	123	119	115	110	107
3	120	116	112	108	105	101	97	95
4	108	105	101	97	94	91	88	86
5	99	95	92	88	86	83	80	78
6	90	87	83	80	78	75	73	71
7							64	63
日出和日落	90°	85°	80°	75°	72°	68°	64°	62°

距离正午的小时数	→9月23日	10月4日	10月14日	10月25日	11月3日	11月14日	11月27日	12月11日
	3月21日	3月11日	3月1日	2月18日	2月9日	1月29日	1月16日	1月2日←
0	180	180	180	180	180	180	180	180
1	155	157	159	160	161	162	163	164
2	135	138	141	143	145	147	148	149
3	120	123	126	129	131	134	136	137
4	108	112	115	118	120	123	125	126
5	99	102	105	108	111	113		
6	90							
日出和日落	90°	95°	100°	105°	108°	112°	116°	118°

正午前，从北往东读取角度；正午后，从北往西读取角度

北纬 37.5°

距离正午的小时数	→3月21日	3月31日	4月11日	4月22日	5月1日	5月12日	5月26日	6月10日
	9月23日	9月13日	9月2日	8月22日	8月12日	8月2日	7月19日	7月3日←
0	180	180	180	180	180	180	180	180
1	156	154	151	148	145	143	138	134
2	136	133	130	126	122	118	114	111
3	121	118	114	110	107	104	100	98
4	109	106	103	99	96	93	90	88
5	99	96	93	89	87	84	81	79
6	90	87	84	80	78	76	73	71
7							64	63
日出和日落	90°	85°	78°	75°	71°	67°	63°	60°
距离正午的小时数	→9月23日	10月4日	10月14日	10月25日	11月3日	11月14日	11月27日	12月11日
	3月21日	3月11日	3月1日	2月18日	2月9日	1月29日	1月16日	1月2日←
0	180	180	180	180	180	180	180	180
1	156	158	160	161	162	163	164	164
2	136	139	142	144	146	147	149	150
3	121	124	127	130	132	134	136	137
4	109	113	116	119	121	123	125	127
5	99	102	106	109	111	113		
6	90							
日出和日落	90°	95°	100°	105°	109°	113°	117°	119°

正午前，从北往东读取角度；正午后，从北往西读取角度

北纬 40°

距离正午的小时数	→3月21日	3月31日	4月11日	4月22日	5月1日	5月12日	5月26日	6月10日
	9月23日	9月13日	9月2日	8月22日	8月12日	8月2日	7月19日	7月3日←
0	180	180	180	180	180	180	180	180
1	157	155	153	151	148	145	142	139
2	138	135	132	128	125	122	118	115
3	123	120	116	112	109	106	103	100
4	110	107	104	100	98	95	92	90
5	100	97	93	90	88	85	82	81
6	90	87	84	81	78	76	74	72
7						67	65	63
日出和日落	90°	85°	80°	74°	70°	66°	62°	59°
距离正午的小时数	→9月23日	10月4日	10月14日	10月25日	11月3日	11月14日	11月27日	12月11日
	3月21日	3月11日	3月1日	2月18日	2月9日	1月29日	1月16日	1月2日←
0	180	180	180	180	180	180	180	180
1	157	159	160	162	163	163	164	165
2	138	141	143	145	147	148	150	150
3	123	126	128	131	133	125	137	138
4	110	113	116	119	121	123	125	127
5	100	103	106	109	111			
6	90							
日出和日落	90°	95°	100°	106°	110°	114°	118°	121°

正午前，从北往东读取角度；正午后，从北往西读取角度

北纬 42.5°

距离正午的小时数	→3月21日	3月31日	4月11日	4月22日	5月1日	5月12日	5月26日	6月10日
	9月23日	9月13日	9月2日	8月22日	8月12日	8月2日	7月19日	7月3日←
0	180	180	180	180	180	180	180	180
1	158	157	155	152	150	148	145	143
2	139	137	134	131	128	125	121	119
3	124	121	118	114	112	109	105	103
4	111	108	105	102	99	96	94	92
5	100	97	94	91	89	86	84	82
6	90	87	84	81	79	77	74	73
7						67	65	63
日出和日落	90°	85°	79°	74°	69°	65°	61°	58°

距离正午的小时数	→9月23日	10月4日	10月14日	10月25日	11月3日	11月14日	11月27日	12月11日
	3月21日	3月11日	3月1日	2月18日	2月9日	1月29日	1月16日	1月2日←
0	180	180	180	180	180	180	180	180
1	158	160	161	162	163	164	165	165
2	139	142	144	146	147	149	150	151
3	124	127	129	132	134	135	137	138
4	111	114	117	120	122	124	126	127
5	100	103	106	109	111			
6	90							
日出和日落	90°	95°	101°	106°	111°	115°	119°	122°

正午前，从北往东读取角度；正午后，从北往西读取角度

北纬 45°

距离正午的小时数	→3月21日	3月31日	4月11日	4月22日	5月1日	5月12日	5月26日	6月10日
	9月23日	9月13日	9月2日	8月22日	8月12日	8月2日	7月19日	7月3日←
0	180	180	180	180	180	180	180	180
1	159	158	156	154	152	150	148	146
2	141	138	136	133	130	127	124	122
3	125	122	120	116	114	111	108	106
4	112	109	106	103	101	98	95	94
5	101	98	95	92	90	87	85	83
6	90	87	84	81	79	77	75	73
7					69	67	65	63
日出和日落	90°	84°	79°	73°	69°	64°	60°	56°

距离正午的小时数	→9月23日	10月4日	10月14日	10月25日	11月3日	11月14日	11月27日	12月11日
	3月21日	3月11日	3月1日	2月18日	2月9日	1月29日	1月16日	1月2日←
0	180	180	180	180	180	180	180	180
1	159	161	162	163	163	164	165	165
2	141	143	145	147	148	149	150	151
3	125	128	130	133	134	136	137	139
4	112	115	118	120	122	124	126	127
5	101	104	106	109				
6	90							
日出和日落	90°	96°	101°	107°	111°	116°	120°	124°

正午前，从北往东读取角度；正午后，从北往西读取角度

北纬 47.5°

距离正午的小时数	→3月21日 9月23日	3月31日 9月13日	4月11日 9月2日	4月22日 8月22日	5月1日 8月12日	5月12日 8月2日	5月26日 7月19日	6月10日 7月3日←
0	180	180	180	180	180	180	180	180
1	160	159	157	156	154	152	150	149
2	142	140	137	135	132	130	127	125
3	126	124	121	118	116	113	110	108
4	113	110	106	105	102	100	97	95
5	101	98	96	93	91	88	86	84
6	90	87	85	82	80	78	75	74
7					69	67	65	64
日出和日落	90°	84°	78°	72°	67°	63°	58°	55°

距离正午的小时数	→9月23日 3月21日	10月4日 3月11日	10月14日 3月1日	10月25日 2月18日	11月3日 2月9日	11月14日 1月29日	11月27日 1月16日	12月11日 1月2日←
0	180	180	180	180	180	180	180	180
1	160	161	162	163	164	164	165	165
2	142	144	146	147	149	150	151	152
3	126	129	131	133	135	136	138	139
4	113	116	118	121	122	124	126	127
5	101	104	106	109				
6	90							
日出和日落	90°	96°	102°	108°	113°	117°	122°	125°

正午前，从北往东读取角度；正午后，从北往西读取角度

北纬 50°

距离正午的小时数	→3月21日 9月23日	3月31日 9月13日	4月11日 9月2日	4月22日 8月22日	5月1日 8月12日	5月12日 8月2日	5月26日 7月19日	6月10日 7月3日←
0	180	180	180	180	180	180	180	180
1	161	160	158	157	155	154	152	151
2	143	141	139	136	134	132	130	128
3	127	125	123	120	118	115	113	111
4	114	111	109	106	104	101	99	97
5	102	99	96	94	92	89	87	86
6	90	87	85	82	80	78	76	75
7					69	67	65	64
8								53
日出和日落	90°	84°	77°	71°	66°	61°	56°	53°

距离正午的小时数	→9月23日 3月21日	10月4日 3月11日	10月14日 3月1日	10月25日 2月18日	11月3日 2月9日	11月14日 1月29日	11月27日 1月16日	12月11日 1月2日←
0	180	180	180	180	180	180	180	180
1	161	162	163	164	164	165	165	166
2	143	145	146	148	149	150	151	152
3	127	130	132	134	135	137	138	139
4	114	116	119	121	123	124	126	
5	102	104	107	109				
6	90							
日出和日落	90°	96°	102°	109°	114°	119°	124°	127°

正午前，从北往东读取角度；正午后，从北往西读取角度

北纬 52.5°

距离正午的小时数	→3月21日 9月23日	3月31日 9月13日	4月11日 9月2日	4月22日 8月22日	5月1日 8月12日	5月12日 8月2日	5月26日 7月19日	6月10日 7月3日←
0	180	180	180	180	180	180	180	180
1	161	160	159	158	157	155	154	153
2	144	142	140	138	136	134	132	131
3	128	126	124	121	119	117	115	113
4	115	112	110	107	105	103	101	99
5	102	99	97	94	92	90	88	87
6	90	88	85	83	81	79	77	75
7				71	69	67	66	64
8							54	53
日出和日落	90°	83°	77°	70°	65°	59°	54°	50°

距离正午的小时数	→9月23日 3月21日	10月4日 3月11日	10月14日 3月1日	10月25日 2月18日	11月3日 2月9日	11月14日 1月29日	11月27日 1月16日	12月11日 1月2日←
0	180	180	180	180	180	180	180	180
1	161	162	163	164	164	165	165	166
2	144	146	147	149	150	151	151	152
3	128	130	132	134	136	137	138	139
4	115	117	119	121	123	124	126	
5	102	104	107					
6	90							
日出和日落	90°	97°	103°	110°	115°	121°	126°	130°

正午前，从北往东读取角度；正午后，从北往西读取角度

北纬 55°

距离正午的小时数	→3月21日 9月23日	3月31日 9月13日	4月11日 9月2日	4月22日 8月22日	5月1日 8月12日	5月12日 8月2日	5月26日 7月19日	6月10日 7月3日←
0	180	180	180	180	180	180	180	180
1	162	161	160	159	158	157	156	155
2	145	143	141	140	138	136	134	133
3	129	127	125	123	121	119	117	115
4	115	113	111	108	106	104	102	101
5	102	100	98	95	93	92	90	88
6	90	88	85	83	81	79	78	76
7				71	69	68	66	65
8							54	53
日出和日落	90°	83°	76°	69°	63°	57°	51°	47°

距离正午的小时数	→9月23日 3月21日	10月4日 3月11日	10月14日 3月1日	10月25日 2月18日	11月3日 2月9日	11月14日 1月29日	11月27日 1月16日	12月11日 1月2日←
0	180	180	180	180	180	180	180	180
1	162	163	163	164	165	165	166	166
2	145	146	148	149	150	151	152	152
3	129	131	133	135	136	137	138	139
4	115	117	120	122	123	125		
5	102	105	107					
6	90							
日出和日落	90°	97°	104°	111°	117°	123°	129°	133°

正午前，从北往东读取角度；正午后，从北往西读取角度

北纬 57.5°

距离正午的小时数	→3月21日 9月23日	3月31日 9月13日	4月11日 9月2日	4月22日 8月22日	5月1日 8月12日	5月12日 8月2日	5月26日 7月19日	6月10日 7月3日←
0	180	180	180	180	180	180	180	180
1	162	162	161	160	159	158	157	156
2	146	144	142	141	140	138	136	135
3	130	128	126	124	123	121	119	117
4	116	114	112	110	108	106	104	103
5	103	101	98	96	94	93	91	89
6	90	88	86	83	82	80	78	77
7				71	69	68	66	65
8						55	54	53
日出和日落	90°	83°	75°	67°	61°	55°	48°	43°

距离正午的小时数	→9月23日 3月21日	10月4日 3月11日	10月14日 3月1日	10月25日 2月18日	11月3日 2月9日	11月14日 1月29日	11月27日 1月16日	12月11日 1月2日←
0	180	180	180	180	180	180	180	180
1	162	163	164	164	165	165	166	166
2	145	147	148	149	150	151	152	152
3	130	132	134	135	136	137	139	139
4	116	118	120	122	123			
5	103	105	107					
6	90							
日出和日落	90°	97°	105°	113°	119°	125°	132°	137°

正午前，从北往东读取角度；正午后，从北往西读取角度

北纬 60°

距离正午的小时数	→3月21日 9月23日	3月31日 9月13日	4月11日 9月2日	4月22日 8月22日	5月1日 8月12日	5月12日 8月2日	5月26日 7月19日	6月10日 7月3日←
0	180	180	180	180	180	180	180	180
1	163	162	161	160	160	159	158	157
2	146	145	144	142	141	140	138	137
3	131	129	127	126	124	122	121	119
4	117	115	113	111	109	107	106	104
5	103	101	99	97	95	94	92	91
6	90	88	86	84	82	81	79	78
7				71	70	68	67	66
8						55	54	53
9								41
日出和日落	90°	82°	74°	65°	59°	52°	44°	39°

距离正午的小时数	→9月23日 3月21日	10月4日 3月11日	10月14日 3月1日	10月25日 2月18日	11月3日 2月9日	11月14日 1月29日	11月27日 1月16日	12月11日 1月2日←
0	180	180	180	180	180	180	180	180
1	163	163	164	165	165	165	166	165
2	146	147	149	150	150	151	152	153
3	131	132	134	135	137	138	139	
4	117	118	120	122	123			
5	103	105	107					
日出和日落	90°	98°	106°	115°	121°	128°	136°	141°

正午前，从北往东读取角度；正午后，从北往西读取角度

南纬 2.5°

距离正午的小时数	→3月21日 / 9月23日	3月31日 / 9月13日	4月11日 / 9月2日	4月22日 / 8月22日	5月1日 / 8月12日	5月12日 / 8月2日	5月26日 / 7月19日	6月10日 / 7月3日←
0	180	180	180	180	180	180	180	180
1	99	113	125	134	140	145	149	151
2	94	102	110	116	121	126	130	133
3	92	98	104	109	113	117	120	122
4	91	96	101	105	108	112	115	117
5	91	95	99	103	106	109	112	114
6	90	94	98	102	105	108	111	113
日出和日落	90°	94°	98°	102°	105°	108°	111°	113°

距离正午的小时数	→9月23日 / 3月21日	10月4日 / 3月11日	10月14日 / 3月1日	10月25日 / 2月18日	11月3日 / 2月9日	11月14日 / 1月29日	11月27日 / 1月16日	12月11日 / 1月2日←
0	180	0	0	0	0	0	0	0
1	99	84	69	57	49	42	37	34
2	94	86	78	71	65	60	55	52
3	92	87	81	76	71	67	63	61
4	91	87	82	78	74	71	67	65
5	91	87	82	78	75	72	69	67
6	90	86	82	78	75	72	69	67
日出和日落	90°	86°	82°	78°	75°	72°	69°	67°

正午前，从南往东读取角度；正午后，从南往西读取角度

南纬 5°

距离正午的小时数	→3月21日 / 9月23日	3月31日 / 9月13日	4月11日 / 9月2日	4月22日 / 8月22日	5月1日 / 8月12日	5月12日 / 8月2日	5月26日 / 7月19日	6月10日 / 7月3日←
0	180	180	180	180	180	180	180	180
1	108	121	131	139	144	148	151	153
2	99	106	113	120	124	129	132	135
3	95	101	106	111	115	119	122	124
4	93	97	102	106	110	113	116	118
5	91	95	100	104	107	110	113	115
6	90							
日出和日落	90°	94°	98°	102°	105°	108°	111°	113°

距离正午的小时数	→9月23日 / 3月21日	10月4日 / 3月11日	10月14日 / 3月1日	10月25日 / 2月18日	11月3日 / 2月9日	11月14日 / 1月29日	11月27日 / 1月16日	12月11日 / 1月2日←
0	180	180	0	0	0	0	0	0
1	108	93	78	64	55	47	41	37
2	99	91	83	75	69	64	58	55
3	95	89	84	78	74	70	66	63
4	93	88	84	79	76	72	69	66
5	91	87	83	79	76	73	70	67
6	90	86	82	78	75	72	69	67
日出和日落	90°	86°	82°	78°	75°	72°	69°	67°

正午前，从南往东读取角度；正午后，从南往西读取角度

南纬 7.5°

距离正午的小时数	→3月21日 9月23日	3月31日 9月13日	4月11日 9月2日	4月22日 8月22日	5月1日 8月12日	5月12日 8月2日	5月26日 7月19日	6月10日 7月3日←
0	180	180	180	180	180	180	180	180
1	116	127	136	142	147	150	153	155
2	103	110	116	123	127	131	135	137
3	97	103	108	113	117	120	124	126
4	94	99	103	108	111	114	117	119
5	92	96	100	104	107	110	113	115
6	90							
日出和日落	90°	94°	98°	102°	105°	108°	111°	113°

距离正午的小时数	→9月23日 3月21日	10月4日 3月11日	10月14日 3月1日	10月25日 2月18日	11月3日 2月9日	11月14日 1月29日	11月27日 1月16日	12月11日 1月2日←
0	180	180	0	0	0	0	0	0
1	116	103	87	72	62	53	44	41
2	103	95	87	79	73	67	62	58
3	97	92	86	80	76	72	68	65
4	94	89	85	80	77	73	70	68
5	92	88	84	80	76	73	70	68
6	90	86	82	78	75	72	69	67
日出和日落	90°	86°	82°	78°	75°	72°	69°	67°

正午前，从南往东读取角度；正午后，从南往西读取角度

南纬 10°

距离正午的小时数	→3月21日 9月23日	3月31日 9月13日	4月11日 9月2日	4月22日 8月22日	5月1日 8月12日	5月12日 8月2日	5月26日 7月19日	6月10日 7月3日←
0	180	180	180	180	180	180	180	180
1	123	132	140	146	149	152	155	156
2	107	114	120	126	130	133	137	139
3	100	105	110	115	119	122	125	127
4	96	100	105	109	112	115	118	120
5	93	97	101	105	108	111	114	116
6	90							
日出和日落	90°	94°	98°	102°	105°	108°	111°	113°

距离正午的小时数	→9月23日 3月21日	10月4日 3月11日	10月14日 3月1日	10月25日 2月18日	11月3日 2月9日	11月14日 1月29日	11月27日 1月16日	12月11日 1月2日←
0	180	180	180	0	0	0	0	0
1	123	111	96	81	70	60	51	46
2	107	99	91	83	77	71	66	62
3	100	94	89	83	79	74	70	67
4	96	91	87	82	78	75	71	69
5	93	89	84	80	77	74	71	69
6	90	86	82	78	75	72	69	67
日出和日落	90°	86°	82°	78°	75°	72°	69°	67°

正午前，从南往东读取角度；正午后，从南往西读取角度

南纬 12.5°

距离正午的小时数	→3月21日 9月23日	3月31日 9月13日	4月11日 9月2日	4月22日 8月22日	5月1日 8月12日	5月12日 8月2日	5月26日 7月19日	6月10日 7月3日←
0	180	180	180	180	180	180	180	180
1	129	137	143	148	151	154	156	157
2	111	117	123	128	131	135	138	140
3	102	107	112	117	120	124	127	128
4	97	102	106	110	113	116	119	121
5	93	97	101	105	108	111	114	116
6	90							
日出和日落	90°	94°	98°	102°	105°	108°	111°	114°
距离正午的小时数	→9月23日 3月21日	10月4日 3月11日	10月14日 3月1日	10月25日 2月18日	11月3日 2月9日	11月14日 1月29日	11月27日 1月16日	12月11日 1月2日←
0	180	180	180	0	0	0	0	0
1	129	119	105	90	79	67	57	52
2	111	103	96	88	82	75	69	66
3	102	97	91	86	81	77	72	70
4	97	93	88	83	80	76	73	71
5	93	89	85	81	78	75	72	70
6	90	86	82	78	75	72	69	67
日出和日落	90°	86°	82°	78°	75°	72°	68°	66°

正午前，从南往东读取角度；正午后，从南往西读取角度

南纬 15°

距离正午的小时数	→3月21日 9月23日	3月31日 9月13日	4月11日 9月2日	4月22日 8月22日	5月1日 8月12日	5月12日 8月2日	5月26日 7月19日	6月10日 7月3日←
0	180	180	180	180	180	180	180	180
1	134	141	146	150	153	155	157	159
2	114	120	126	131	134	137	140	142
3	105	110	114	119	122	125	128	130
4	98	103	107	111	114	117	120	122
5	94	98	102	106	109	112	114	116
6	90							
日出和日落	90°	94°	98°	102°	106°	109°	112°	114°
距离正午的小时数	→9月23日 3月21日	10月4日 3月11日	10月14日 3月1日	10月25日 2月18日	11月3日 2月9日	11月14日 1月29日	11月27日 1月16日	12月11日 1月2日←
0	180	180	180	180	0	0	0	0
1	134	125	114	100	88	76	65	58
2	114	107	100	92	86	80	74	70
3	105	99	94	88	84	80	75	72
4	98	94	90	85	81	78	74	72
5	94	90	86	82	79	76	73	70
6	90	86	82	78	75	73	70	68
日出和日落	90°	86°	82°	78°	74°	71°	68°	66°

正午前，从南往东读取角度；正午后，从南往西读取角度

南纬 17.5°

距离正午的小时数	→3月21日	3月31日	4月11日	4月22日	5月1日	5月12日	5月26日	6月10日
	9月23日	9月13日	9月2日	8月22日	8月12日	8月2日	7月19日	7月3日←
0	180	180	180	180	180	180	180	180
1	138	144	149	152	155	157	158	160
2	117	123	128	133	136	139	141	143
3	107	112	116	120	123	126	129	131
4	100	104	108	112	115	118	121	123
5	95	98	102	106	109	112	115	117
6	90°							
日出和日落	90°	94°	98°	103°	106°	109°	112°	114°

距离正午的小时数	→9月23日	10月4日	10月14日	10月25日	11月3日	11月14日	11月27日	12月11日
	3月21日	3月11日	3月1日	2月18日	2月9日	1月29日	1月16日	1月2日←
0	180	180	180	180	180	0	0	0
1	138	131	121	109	98	86	74	66
2	117	111	104	97	91	84	78	74
3	107	102	96	91	87	82	78	75
4	100	96	91	87	83	80	76	74
5	95	91	87	83	80	76	73	71
6	90	86	82	79	76	73	70	68
日出和日落	90°	86°	82°	77°	74°	71°	68°	66°

正午前，从南往东读取角度；正午后，从南往西读取角度

南纬 20°

距离正午的小时数	→3月21日	3月31日	4月11日	4月22日	5月1日	5月12日	5月26日	6月10日
	9月23日	9月13日	9月2日	8月22日	8月12日	8月2日	7月19日	7月3日←
0	180	180	180	180	180	180	180	180
1	142	147	151	154	156	158	159	160
2	121	126	131	135	138	140	143	144
3	109	113	118	122	125	128	130	132
4	101	105	109	113	116	119	122	123
5	95	99	103	107	109	112	115	117
6	90							
日出和日落	90°	94°	98°	103°	106°	109°	112°	115°

距离正午的小时数	→9月23日	10月4日	10月14日	10月25日	11月3日	11月14日	11月27日	12月11日
	3月21日	3月11日	3月1日	2月18日	2月9日	1月29日	1月16日	1月2日←
0	180	180	180	180	180	180	0	0
1	142	136	127	117	107	95	83	75
2	121	115	108	101	95	89	83	78
3	109	104	99	93	89	85	80	77
4	101	97	93	88	85	81	78	75
5	95	91	87	83	80	77	74	71
6	90	86	82	79	76	73	70	68
日出和日落	90°	86°	81°	77°	74°	71°	68°	65°

正午前，从南往东读取角度；正午后，从南往西读取角度

南纬 22.5°

距离正午的小时数	→3月21日 9月23日	3月31日 9月13日	4月11日 9月2日	4月22日 8月22日	5月1日 8月12日	5月12日 8月2日	5月26日 7月19日	6月10日 7月3日←
0	180	180	180	180	180	180	180	180
1	145	149	153	155	157	159	160	161
2	124	128	133	137	139	142	144	145
3	111	115	120	123	126	129	131	133
4	102	106	110	114	117	120	122	124
5	96	100	103	107	110	112	115	117
6	90							
日出和日落	90°	94°	99°	103°	106°	110°	113°	115°

距离正午的小时数	→9月23日 3月21日	10月4日 3月11日	10月14日 3月1日	10月25日 2月18日	11月3日 2月9日	11月14日 1月29日	11月27日 1月16日	12月11日 1月2日←
0	180	180	180	180	180	180	180	0
1	145	140	133	124	115	105	93	85
2	124	113	112	105	100	94	87	83
3	111	106	101	96	92	88	83	80
4	102	98	94	90	86	83	79	77
5	96	92	88	84	81	78	75	73
6	90	86	83	79	76	73	70	69
日出和日落	90°	86°	81°	77°	74°	70°	67°	65°

正午前，从南往东读取角度；正午后，从南往西读取角度

南纬 25°

距离正午的小时数	→3月21日 9月23日	3月31日 9月13日	4月11日 9月2日	4月22日 8月22日	5月1日 8月12日	5月12日 8月2日	5月26日 7月19日	6月10日 7月3日←
0	180	180	180	180	180	180	180	180
1	148	151	154	157	158	160	161	162
2	126	131	135	138	141	143	145	146
3	113	117	121	125	127	130	132	134
4	104	108	111	115	118	120	123	125
5	96	100	104	107	110	113	115	117
6	90							
日出和日落	90°	94°	99°	103°	107°	110°	113°	116°

距离正午的小时数	→9月23日 3月21日	10月4日 3月11日	10月14日 3月1日	10月25日 2月18日	11月3日 2月9日	11月14日 1月29日	11月27日 1月16日	12月11日 1月2日←
0	180	180	180	180	180	180	180	180
1	148	143	137	130	123	114	103	95
2	126	121	116	109	104	98	92	88
3	113	108	104	99	95	90	86	83
4	104	100	96	91	88	85	81	79
5	96	93	89	85	82	79	76	74
6	90	86	83	79	76	74	71	69
日出和日落	90°	86°	81°	77°	73°	70°	67°	64°

正午前，从南往东读取角度；正午后，从南往西读取角度

南纬 27.5°

距离正午的小时数	→3月21日 / 9月23日	3月31日 / 9月13日	4月11日 / 9月2日	4月22日 / 8月22日	5月1日 / 8月12日	5月12日 / 8月2日	5月26日 / 7月19日	6月10日 / 7月3日←
0	180	180	180	180	180	180	180	180
1	150	153	156	158	159	161	162	163
2	129	133	136	140	142	144	146	147
3	115	119	123	126	129	131	133	135
4	105	109	112	116	118	121	123	125
5	97	101	104	108	110	113	115	117
6	90°							
日出和日落	90°	94°	99°	104°	107°	110°	114°	116°
距离正午的小时数	→9月23日 / 3月21日	10月4日 / 3月11日	10月14日 / 3月1日	10月25日 / 2月18日	11月3日 / 2月9日	11月14日 / 1月29日	11月27日 / 1月16日	12月11日 / 1月2日←
0	180	180	180	180	180	180	180	180
1	150	146	141	135	129	121	112	105
2	129	124	119	113	108	103	97	93
3	115	110	106	101	97	93	89	86
4	105	101	97	93	90	86	83	80
5	97	93	90	86	83	80	77	75
6	90	86	83	79	77	74	71	69
日出和日落	90°	85°	81°	76°	73°	70°	66°	64°

正午前，从南往东读取角度；正午后，从南往西读取角度

南纬 30°

距离正午的小时数	→3月21日 / 9月23日	3月31日 / 9月13日	4月11日 / 9月2日	4月22日 / 8月22日	5月1日 / 8月12日	5月12日 / 8月2日	5月26日 / 7月19日	6月10日 / 7月3日←
0	180	180	180	180	180	180	180	180
1	152	155	157	159	160	161	162	163
2	131	135	138	141	143	145	147	148
3	117	120	124	127	130	132	134	136
4	106	110	113	117	119	122	124	125
5	98	101	105	108	111	113	116	117
6	90							
日出和日落	90°	95°	99°	104°	107°	111°	114°	117°
距离正午的小时数	→9月23日 / 3月21日	10月4日 / 3月11日	10月14日 / 3月1日	10月25日 / 2月18日	11月3日 / 2月9日	11月14日 / 1月29日	11月27日 / 1月16日	12月11日 / 1月2日←
0	180	180	180	180	180	180	180	180
1	152	149	144	139	134	128	120	114
2	131	127	122	116	112	107	101	97
3	117	112	108	103	100	96	92	89
4	106	102	98	94	91	88	85	82
5	98	94	90	87	84	81	78	76
6	90	87	83	80	77	74	72	70
日出和日落	90°	85°	81°	76°	73°	69°	66°	63°

正午前，从南往东读取角度；正午后，从南往西读取角度

南纬 32.5°

距离正午的小时数	→3月21日 9月23日	3月31日 9月13日	4月11日 9月2日	4月22日 8月22日	5月1日 8月12日	5月12日 8月2日	5月26日 7月19日	6月10日 7月3日←
0	180	180	180	180	180	180	180	180
1	153	156	158	160	161	162	163	164
2	133	136	139	142	144	146	148	149
3	118	122	125	128	131	133	135	136
4	107	111	114	117	120	122	124	126
5	98	102	105	108	111	113	116	
6	90							
日出和日落	90°	95°	99°	104°	108°	111°	115°	118°

距离正午的小时数	→9月23日 3月21日	10月4日 3月11日	10月14日 3月1日	10月25日 2月18日	11月3日 2月9日	11月14日 1月29日	11月27日 1月16日	12月11日 1月2日←
0	180	180	180	180	180	180	180	180
1	153	151	147	143	139	133	127	122
2	133	129	125	120	116	111	106	102
3	118	114	110	106	102	99	95	92
4	107	104	100	96	93	90	86	84
5	98	95	91	88	85	82	79	77
6	90	87	83	80	77	75	72	70
7								63
日出和日落	90°	85°	80°	76°	72°	68°	65°	62°

正午前，从南往东读取角度；正午后，从南往西读取角度

南纬 35°

距离正午的小时数	→3月21日 9月23日	3月31日 9月13日	4月11日 9月2日	4月22日 8月22日	5月1日 8月12日	5月12日 8月2日	5月26日 7月19日	6月10日 7月3日←
0	180	180	180	180	180	180	180	180
1	155	157	159	160	161	162	163	164
2	135	138	141	143	145	147	148	149
3	120	123	126	129	131	134	136	137
4	108	112	115	118	120	123	125	126
5	99	102	105	108	111	113		
6	90							
日出和日落	90°	95°	100°	105°	108°	112°	116°	118°

距离正午的小时数	→9月23日 3月21日	10月4日 3月11日	10月14日 3月1日	10月25日 2月18日	11月3日 2月9日	11月14日 1月29日	11月27日 1月16日	12月11日 1月2日←
0	180	180	180	180	180	180	180	180
1	155	152	149	146	142	138	133	129
2	135	131	127	123	119	115	110	107
3	120	116	112	108	105	101	97	95
4	108	105	101	97	94	91	88	86
5	99	95	92	88	86	83	80	78
6	90	87	83	80	78	75	73	71
7							64	63
日出和日落	90°	85°	80°	75°	72°	68°	64°	62°

正午前，从南往东读取角度；正午后，从南往西读取角度

南纬 37.5°

距离正午的小时数	→3月21日	3月31日	4月11日	4月22日	5月1日	5月12日	5月26日	6月10日
	9月23日	9月13日	9月2日	8月22日	8月12日	8月2日	7月19日	7月3日←
0	180	180	180	180	180	180	180	180
1	156	158	160	161	162	163	164	164
2	136	139	142	144	146	147	149	150
3	121	124	127	130	132	134	136	137
4	109	113	116	119	121	123	125	127
5	99	102	106	109	111	113		
6	90							
日出和日落	90°	95°	100°	105°	109°	113°	117°	119°

距离正午的小时数	→9月23日	10月4日	10月14日	10月25日	11月3日	11月14日	11月27日	12月11日
	3月21日	3月11日	3月1日	2月18日	2月9日	1月29日	1月16日	1月2日←
0	180	180	180	180	180	180	180	180
1	156	154	151	148	145	143	138	134
2	136	133	130	126	122	118	114	111
3	121	118	114	110	107	104	100	98
4	109	106	103	99	96	93	90	88
5	99	96	93	89	87	84	81	79
6	90	87	84	80	78	76	73	71
7							64	63
日出和日落	90°	85°	78°	75°	71°	67°	63°	60°

正午前，从南往东读取角度；正午后，从南往西读取角度

南纬 40°

距离正午的小时数	→3月21日	3月31日	4月11日	4月22日	5月1日	5月12日	5月26日	6月10日
	9月23日	9月13日	9月2日	8月22日	8月12日	8月2日	7月19日	7月3日←
0	180	180	180	180	180	180	180	180
1	157	159	160	162	163	163	164	165
2	138	141	143	145	147	148	150	150
3	123	126	128	131	133	125	137	138
4	110	113	116	119	121	123	125	127
5	100	103	106	109	111			
6	90							
日出和日落	90°	95°	100°	106°	110°	114°	118°	121°

距离正午的小时数	→9月23日	10月4日	10月14日	10月25日	11月3日	11月14日	11月27日	12月11日
	3月21日	3月11日	3月1日	2月18日	2月9日	1月29日	1月16日	1月2日←
0	180	180	180	180	180	180	180	180
1	157	155	153	151	148	145	142	139
2	138	135	132	128	125	122	118	115
3	123	120	116	112	109	106	103	100
4	110	107	104	100	98	95	92	90
5	100	97	93	90	88	85	82	81
6	90	87	84	81	78	76	74	72
7						67	65	63
日出和日落	90°	85°	80°	74°	70°	66°	62°	59°

正午前，从南往东读取角度；正午后，从南往西读取角度

南纬 42.5°

距离正午的小时数	→3月21日 9月23日	3月31日 9月13日	4月11日 9月2日	4月22日 8月22日	5月1日 8月12日	5月12日 8月2日	5月26日 7月19日	6月10日 7月3日←
0	180	180	180	180	180	180	180	180
1	158	160	161	162	163	164	165	165
2	139	142	144	146	147	149	150	151
3	124	127	129	132	134	135	137	138
4	111	114	117	120	122	124	126	127
5	100	103	106	109	111			
6	90							
日出和日落	90°	95°	101°	106°	111°	115°	119°	122°
距离正午的小时数	→9月23日 3月21日	10月4日 3月11日	10月14日 3月1日	10月25日 2月18日	11月3日 2月9日	11月14日 1月29日	11月27日 1月16日	12月11日 1月2日←
0	180	180	180	180	180	180	180	180
1	158	157	155	152	150	148	145	143
2	139	137	134	131	128	125	121	119
3	124	121	118	114	112	109	105	103
4	111	108	105	102	99	96	94	92
5	100	97	94	91	89	86	84	82
6	90	87	84	81	79	77	74	73
7						67	65	63
日出和日落	90°	85°	79°	74°	69°	65°	61°	58°

正午前，从南往东读取角度；正午后，从南往西读取角度

南纬 45°

距离正午的小时数	→3月21日 9月23日	3月31日 9月13日	4月11日 9月2日	4月22日 8月22日	5月1日 8月12日	5月12日 8月2日	5月26日 7月19日	6月10日 7月3日←
0	180	180	180	180	180	180	180	180
1	159	161	162	163	163	164	165	165
2	141	143	145	147	148	149	150	151
3	125	128	130	133	134	136	137	139
4	112	115	118	120	122	124	126	127
5	101	104	106	109				
6	90							
日出和日落	90°	96°	101°	107°	111°	116°	120°	124°
距离正午的小时数	→9月23日 3月21日	10月4日 3月11日	10月14日 3月1日	10月25日 2月18日	11月3日 2月9日	11月14日 1月29日	11月27日 1月16日	12月11日 1月2日←
0	180	180	180	180	180	180	180	180
1	159	158	156	154	152	150	148	146
2	141	138	136	133	130	127	124	122
3	125	122	120	116	114	111	108	106
4	112	109	106	103	101	98	95	94
5	101	98	95	92	90	87	85	83
6	90	87	84	81	79	77	75	73
7					69	67	65	63
日出和日落	90°	84°	79°	73°	69°	64°	60°	56°

正午前，从南往东读取角度；正午后，从南往西读取角度

南纬 47.5°

距离正午的小时数	→3月21日	3月31日	4月11日	4月22日	5月1日	5月12日	5月26日	6月10日
	9月23日	9月13日	9月2日	8月22日	8月12日	8月2日	7月19日	7月3日←
0	180	180	180	180	180	180	180	180
1	160	161	162	163	164	164	165	165
2	142	144	146	147	149	150	151	152
3	126	129	131	133	135	136	138	139
4	113	116	118	121	122	124	126	127
5	101	104	106	109				
6	90							
日出和日落	90°	96°	102°	108°	113°	117°	122°	125°

距离正午的小时数	→9月23日	10月4日	10月14日	10月25日	11月3日	11月14日	11月27日	12月11日
	3月21日	3月11日	3月1日	2月18日	2月9日	1月29日	1月16日	1月2日←
0	180	180	180	180	180	180	180	180
1	160	159	157	156	154	152	150	149
2	142	140	137	135	132	130	127	125
3	126	124	121	118	116	113	110	108
4	113	110	106	105	102	100	97	95
5	101	98	96	93	91	88	86	84
6	90	87	85	82	80	78	75	74
7					69	67	65	64
日出和日落	90°	84°	78°	72°	67°	63°	58°	55°

正午前，从南往东读取角度；正午后，从南往西读取角度

南纬 50°

距离正午的小时数	→3月21日	3月31日	4月11日	4月22日	5月1日	5月12日	5月26日	6月10日
	9月23日	9月13日	9月2日	8月22日	8月12日	8月2日	7月19日	7月3日←
0	180	180	180	180	180	180	180	180
1	161	162	163	164	164	165	165	166
2	143	145	146	148	149	150	151	152
3	127	130	132	134	135	137	138	139
4	114	116	119	121	123	124	126	
5	102	104	107	109				
6	90							
日出和日落	90°	96°	102°	109°	114°	119°	124°	127°

距离正午的小时数	→9月23日	10月4日	10月14日	10月25日	11月3日	11月14日	11月27日	12月11日
	3月21日	3月11日	3月1日	2月18日	2月9日	1月29日	1月16日	1月2日←
0	180	180	180	180	180	180	180	180
1	161	160	158	157	155	154	152	151
2	143	141	139	136	134	132	130	128
3	127	125	123	120	118	115	113	111
4	114	111	109	106	104	101	99	97
5	102	99	96	94	92	89	87	86
6	90	87	85	82	80	78	76	75
7					69	67	65	64
8								53
日出和日落	90°	84°	77°	71°	66°	61°	56°	53°

正午前，从南往东读取角度；正午后，从南往西读取角度